Du même auteur

La Consolation, Éditions P.O.L, Paris, 1991.
En prison, Éditions P.O.L, Paris, 1992.
Comprendre et compatir, Éditions P.O.L, Paris, 1993
Des choses idiotes et douces, Éditions P.O.L, Paris, 1993, Prix du Livre Inter, « Folio » n°2682.
Comme des anges, Éditions P.O.L, Paris, 1994.
Est-ce que tu m'aimes ? , Éditions P.O.L, Paris, 1995.
Le dieu qui était mort si jeune, Éditions P.O.L, Paris, 1995.
L'ennemi d'amour, Éditions P.O.L, Paris, 1995.
Les Innocents, Éditions P.O.L, Paris, 1995.
Arrière, fantômes ! , Éditions P.O.L, Paris, 1996.
Dieu, le sexe et nous, Éditions P.O.L, Paris, 1996.
Notre faute, Éditions P.O.L, Paris, 1997.
Le Vertige des blondes, Éditions P.O.L, Paris, 1998.
Comme des frères, Éditions Calmann-Lévy, Paris, 1998.
Le Goût du suicide lent, Éditions P.O.L, Paris, 1999.
Pas aimée, Éditions P.O.L, Paris, 1999.
Une fée, Éditions P.O.L, Paris, 2000, « Folio » n°3617.
Kids, Éditions P.O.L, Paris, 2000.
Gagmen, Éditions P.O.L, Paris, 2002.
La Bible, notre exil, Éditions P.O.L, Paris, 2002.
Songs, Éditions P.O.L, Paris, 2003.
Mauvais vivants, Éditions P.O.L, Paris, 2003.
Nous nous aimons, Éditions P.O.L, Paris, 2004.
Mes amis mes amis, Éditions P.O.L, Paris, 2004.
Abraham remix, Éditions P.O.L, Paris, 2005.
Patraque, Éditions P.O.L, Paris, 2006.
Vaches, Éditions P.O.L, Paris, 2008.
Orphée, Éditions P.O.L, Paris, 2009.
Hammurabi Hammurabi, Éditions P.O.L, Paris, 2009.

Techniques de l'amour, Éditions P.O.L, Paris, 2010.
Phèdre les oiseaux, Éditions P.O.L, Paris, 2012.
Personne ne meurt jamais, Éditions P.O.L, Paris, 2012.
Sexy Lamb, Éditions P.O.L, Paris, 2012.
Rappeler Roland, Éditions P.O.L, Paris, 2013.
Dans ma prairie, Éditions P.O.L, Paris, 2014.
Je pleure encore chaque fois que j'y pense, Les Presses du réel, 2014.
Quelle terreur en nous ne veut pas finir ?, Éditions P.O.L, Paris, 2015.
Yeux noirs, Éditions P.O.L, Paris, 2016.
La Bible : les récits fondateurs : de la Genèse au Livre de Daniel, Éditions Bayard, Paris, 2016.
Là où le cœur attend, Éditions P.O.L, Paris, 2017.
Peut-être pas immortelle, poèmes, Éditions P.O.L, Paris, 2018.

Traductions

La Bible, nouvelle traduction, direction d'ouvrage, Éditions Bayard, Paris, 2001
Dennis Cooper, *Dream Police*, Éditions P.O.L, Paris, 2004.
Dennis Cooper, *Dieu Jr*, Éditions P.O.L, Paris, 2006.
Shakespeare, *Sonnets*, Éditions P.O.L, Paris, 2010.
Shakespeare, *La Tragédie du Roi Richard II*, Éditions P.O.L, Paris, 2010.
Saint Augustin, *Les Aveux*, Éditions P.O.L, Paris, 2013.
Kâmasûtra, Éditions P.O.L, Paris, 2015.
Le souci de la terre, nouvelle traduction des Géorgiques, Virgile, Gallimard N.R.F, Paris, 2019

Sous l’éclat des flèches

Frédéric Boyer

Sous l'éclat des flèches

Chroniques 2018-2020

bayard

18, rue Barbès, 92128 Montrouge cedex (France)
ISBN : 978-2-2274-9815-0

Avant-propos

« Son œil se pose sur le moineau »

Printemps 2020

Je suis reconnaissant d'être encore en vie et en même temps terrifié de l'être toujours. Mais je n'ai pas d'idée exacte envers qui ou quoi je devrais être reconnaissant d'être toujours là, sur ce sol, respirant l'air de tous. Redevable de qui ou quoi ? C'est bien une question que je me serai toujours posée à propos de tout et de rien, de tout et de rien qui m'arrivait. Quelle serait la dette à payer ? Cette question m'a frappé, percé comme une flèche invisible, après la mort accidentelle, tragique, en juillet 2017, de la femme que j'aimais, et celle, tout autant terrible et inattendue, quelques mois plus tard à peine, en janvier 2018, de mon éditeur et ami, Paul Otchakovsky-Laurens. Les blessures sont toujours là, sous le soleil de la vie. Les flèches vibrent. Leur éclat m'aveugle encore. *Je suis vivant et vous êtes morts.*

Je dois ajouter aujourd'hui, alors que je rédige ces lignes (fin mars 2020), que nous ne pouvons plus sortir de chez nous librement, nous sommes en confinement pour lutter contre la pandémie du Covid-19 dont l'Europe est devenue en quelques semaines le foyer principal. La question de la vie et de la mort nous est brutalement posée à tous, sans distinction. Moi cela fait bientôt trois ans que je vis avec cette question. Je ne sais, à l'heure où j'écris, si la mort frappera encore autour de moi. Je sais qu'elle frappe autour de nous.

Qu'avons-nous de plus précieux que vivre heureux, sain et sauf ? Il y a peut-être plus précieux encore : apprendre à vivre vulnérable. Ce n'est pas une évidence tant nous sommes ainsi faits que vivre pour nous s'accomplit quotidiennement dans la distraction, l'insouciance de notre faiblesse. J'ai été, comme tant d'autres, mes amis, confronté radicalement à la vulnérabilité de toute existence. Celle de chacun, et celle que nous formons, plus ou moins maladroitement, avec plus ou moins de bonheur, ensemble. Nos vies sont précaires. Et notre dénégation de cette condition insaisissable du vivant ne fait qu'accroître l'instabilité, la fragilité de nos vies. Dans quelle mesure une existence doit poursuivre et rechercher l'amitié, l'amour, l'attachement, le bonheur, toutes choses si précaires, passagères, vulnérables ? Si j'ai pu tenir debout ou à peu près, ces trois années durant, c'est en m'accrochant à l'idée que sans doute notre bien le plus précieux était précisément, exactement, cette précarité même qui est la nôtre et celle du monde vivant. Pour vivre sain et sauf, nous devons, d'abord et avant tout, tenir avec force à la vanité que nous sommes, prendre soin de nos limites, de notre fragilité précieuse, mais surtout être attentif à celle des autres, à toute l'altérité qui nous constitue comme personnes vivantes et vulnérables, les uns parmi les autres. Pourtant, les malheurs, les coups du destin que toute existence humaine affronte un jour ou l'autre, il est bien difficile de les accepter, et douloureux aussi de les accueillir comme des occasions d'être encore plus humain. Je veux dire d'en faire quelque chose qui nous définisse, qui nous façonne. Mais je l'affirme doucement ici, avec vous mes amis, la dignité de toute vie humaine tient à la façon dont elle assume le désastre, ou plus modestement, dont elle traverse les tempêtes, la nuit obscure. Mais quelle vie pourrait sincèrement être vécue qui ne serait pas aussi vivre les failles ou les malheurs que j'aurais eu à traverser ?

Pendant trois ans, mes amis du journal *La Croix* m'ont offert la possibilité, chaque semaine, d'écrire une chronique en toute liberté. C'est devenu, pour moi qui refusais depuis toujours de tenir un quelconque journal, une manière de résister dans le noir et de scruter l'aube qui a fini par m'apparaître. Une manière de dompter dans les mots quotidiens « le souvenir douloureux de la douleur qui s'écoule du cœur à la place du sommeil » (Eschyle, *Agamemnon*). J'y parlais des événements du monde en tension comme ceux de mon âme, de mes lectures et des questions posées à tous. J'y parle de moi, de mes proches. Mais aussi des autres, connus ou pas. Oh mes amis, je dois lutter pour garder présent à l'esprit que le personnage de ce livre est celui qui l'écrit. C'est moi. Je ne veux pas dire par là que son sujet c'est moi. Je pense, le sujet c'est nous tous avec moi. C'est même chacun d'entre nous, et tous ceux que je ne connais pas. Il faut du temps pour accepter que l'acte d'un écrivain est bien de fixer la vie de tous dans ses propres mots à lui. Ces chroniques m'y ont aidé. J'en ai rassemblé ici certaines. Elles font pour moi une sorte de *memento vivere* (souviens-toi de vivre). Jusque dans leurs attentions diverses.

Je soupçonne, parfois avec culpabilité, que certains autour de moi auront pu penser que j'étais vite passé à autre chose. Je sens avec gêne qu'ils veulent savoir où j'en suis. Comme si chacun pouvait prétendre tranquillement savoir où il en est du sentiment d'être en vie et du fantôme de la mort. Tout ce que je sais aujourd'hui, ce que j'ai appris, c'est que nous ne sommes là que « pour faire nos valises », « la valise de l'être », pour reprendre les vers de Fernando Pessoa[1]. C'est l'image qui me vient et qui me fait monter les larmes aux yeux brusquement parce que je me demande depuis ces trois années si finalement j'aurai le temps de préparer mes bagages. Chaque départ, depuis ces jours-là, est devenu pour moi un gigantesque embarras. Personne ne le sait, mais j'affronte depuis à chaque départ, chaque voyage, une sorte de terreur incompréhensible. Et si je n'en revenais pas ? Si je ne trouvais pas la bonne direction ? Enfant, un objet me fascinait et m'échappait tant je désespérais d'en maîtriser l'usage : la boussole. Ce souvenir m'est revenu. C'était bien avant tous les GPS du monde. Je savais qu'il fallait apprendre à s'orienter si l'on voulait vivre, avancer, explorer. Et le petit objet

1. *Bureau de tabac et autres textes d'Alvaro de Campos*, traduit par un ami, Max de Carvalho, Chandeigne, 2019.

rond à l'aiguille tremblante que l'on m'avait offert un Noël m'observait comme un œil espion surgi de la profondeur infinie du monde à découvrir.

Finalement, je me suis accroché non pas au chagrin lui-même, mais à ce qu'il a découvert de moi, comme de grandes marées chaque année dévoilent des rivages familiers toute une grève illisible et inconnue la plupart de l'année. La *terra incognita* de chacun d'entre nous. Celle de notre infinie faiblesse et tendresse. Là où le cœur attend. Où enfin quelqu'un apparaît de loin pour se tenir à vos côtés.

J'ai lu et relu, des nuits entières, le psaume 130, notre *De profundis*. Bref poème d'espoir arraché au gouffre. Les quelques mots anciens du salut sont là en hébreu : *nefesh* (la vie, le souffle vivant, la personne), *qavah* (espérer, être tendu vers quelque chose), *hesed* (l'amour, la miséricorde, ce qui nous vient du plus profond de nous-même, entrailles, cœur), *calash* (pardonner). Vie, espoir, amour et pardon. Avec ce rythme de la prière adressée à la fois à *Yhwh* et *Adonaï*. Le nom de Dieu révélé à Moïse et la forme emphatique d'un mot, plus ancien encore, signifiant seigneur, gouverneur, maître, mari… Distance, innommabilité de la puissance du salut, et proximité, familiarité de celui que l'on appelle au secours ; les deux sont vraies.

Yhwh est celui qui se révèle à nous sous ce nom, et que sous ce nom nous appelons (*qara* en hébreu, le verbe de Genèse 1 pour nommer les éléments ; les Juifs disent *hachem* — le nom — en lisant dans leurs prières le tétragramme) ; et *Adonaï* est un titre, désignant la fonction de celui qui reçoit notre appel et nos plaintes. Le suzerain auquel nous demandons protection. Dieu est un mais notre désir de lui est multiple, contradictoire, souvent déchirant. Nous éprouvons tout cela en cas de détresse, dans nos supplications : l'infinie distance de l'Autre qui nous effraie jusque dans notre espérance, et le désir de nous adresser au plus intime, au plus accessible. Poème du souci et du guet, de la veille jusqu'au lever du jour, l'apparition de la lumière. Et le moindre espoir n'est pas de faire, magnifiquement, d'entrée de jeu, du gouffre même le lieu de la voix qui appelle. « Des profondeurs accueillez l'esprit perdu » (*De profundis*, Catherine Pozzi).

Un soir d'automne 2017, je l'ai traduit ainsi pour moi :

Oh des profondeurs
Yhwh je t'appelle

Adonaï oui écoute mon cri
ouvre tes oreilles au cri de ma plainte

Si tu n'es que le gardien du pire
Yhwh   oh Adonaï
qui pour tenir droit ?

Le pardon c'est toi
et nous avons peur de toi

J'espère Yhwh
ma vie espère
et j'attends sa parole

Ma vie guette Adonaï
plus que les veilleurs le jour
plus que les veilleurs le jour

Israël espère Yhwh
l'amour c'est Yhwh
le rachat avec lui se multiplie

Oui il rachète Israël du pire

J'ai appelé des profondeurs. Une voix me conseillait de ne pas le faire. Il faut comprendre qu'un psaume c'est une prière d'urgence, de secours, une sorte de poème ou de chant fabriqué avec la douleur et la souffrance de tous. Les images qui viennent, les mots, les cris que l'on entend, c'est le matériau de toute personne blessée, de tout esprit perdu, et qui appelle à l'aide. Personne n'a envie de vous entendre crier dans le noir mais chaque psaume vous y aide. Avec une économie déchirante, brute, le poème affirme ce qu'il fait (*j'appelle, j'espère*), et ainsi s'extrait de la peur. On ne sait pas ce que demande le suppliant ni quel est l'objet exact de sa plainte. Demander que le gouffre soit entendu. Que le jour perce la nuit. Que le pire soit racheté, car Dieu ne sera pas « le gardien du pire » (*shamar avon* en hébreu, littéralement « veiller sur l'injustice, la perversité, le mal, la faute ». C'est aussi le verbe employé pour désigner la tâche d'Adam de garder et veiller sur le jardin d'Éden, ou le mot de Caïn à Dieu : « Suis-je le gardien de mon frère ? ») Ce qui signifie, mes amis, littéralement, que le pire ne peut être abandonné. Que si Dieu existe, il est Celui qui rachète au prix fort tout ce que nous avons pu vivre de douleur, de souffrance, et tout ce que nous avons pu faire d'erreurs, de fautes, de crimes. Que l'on y croie ou pas, cette affirmation millénaire est l'écho d'un bouleversement que chacun connaît une fois au moins dans son existence.

C'est fini, déjà là avant même d'avoir commencé. Mais tout en moi dit que ça s'est produit. C'est le seul objet du psaume. Énoncer dans les mots les plus directs et familiers l'impossible réponse qui donne droit à ce que nous ne demandions pas.

J'écoute ce soir Mahalia Jackson (1911-1972) chanter le gospel *His eye is on the sparrow (And I know He watches me)*. C'est elle qui chanta juste avant que Martin Luther King ne prononce son fameux discours, *I have a dream*. Si vous ne connaissez pas, regardez-la, écoutez-la sur YouTube. Elle retient son souffle, marque une pause et monte jusqu'au ciel de sa voix atteindre les syllabes *the spa a a a rrow*… La voix meurt doucement. Dieu veille sur le moineau comme il veille sur moi. « Son regard se pose sur le moineau. » Opération théologico-lyrique délicate qui passe dans la voix rauque et claire de Mahalia. Il ne s'agit plus de l'œil inquiétant de ma petite boussole d'enfant qui m'observait perdu et désemparé. Je me demande comment l'immense œil divin, depuis les origines du monde, peut-il avoir la précision attentionnée de se poser sur le tout petit oiseau voletant dans les branches ? (Je pense aussi aux vers du poème de Victor Hugo, « La conscience » : « Il vit un œil, tout grand ouvert dans les ténèbres, / Et qui le regardait dans l'ombre fixement. ») Seule la voix de Mahalia pouvait le faire entendre. Ce mouvement du gouffre à l'azur. Le moineau, c'est elle, c'est moi. J'espère arriver à dire où j'en suis aujourd'hui par ce détour. Voix de blues. Miraculeusement ajustée à mon besoin fou de ciel, de légèreté, après avoir dissipé les ombres.

Un petit point bleu pâle

4 janvier 2018

Oh mes amis, l'année qui s'est achevée fut pour moi la plus féroce de toutes. La femme que j'aimais a perdu la vie. J'imagine que des milliers, des millions de personnes sur cette planète ont pu vivre un tel drame en même temps que moi. Pensée bizarre au cœur du chagrin, vous en conviendrez, dérisoire sans doute, mais qui eut sur moi l'effet égalisateur de la souffrance quand la seule cruauté de la vie nous fait nous résoudre à notre appartenance fraternelle à la famille humaine. Et, le cœur serré dans un étau de fer, j'ai pensé : il y a des jours où il faudrait revenir sur nos pas. Mais non. Impossible. Vous le savez. J'ai levé les yeux au ciel. Il n'y avait rien d'autre que la nuit étoilée. J'ai compris que nous n'avons pas trop de tout notre pouvoir d'attention pour contempler dans le malheur cette solitude et ce noir scintillant au-dessus de nos têtes. Et, dans un de ces croisements vifs et inattendus que l'existence nous réserve, me sont revenus à la mémoire les mots anglais *a pale blue dot*, un petit point bleu pâle, les mots de certains astronautes pour désigner notre astre, la Terre, depuis leur position dans l'espace. Notre corps « va jusqu'aux étoiles », prétendait déjà Bergson. Je prends cela dans ma peine au pied de la lettre : nous sommes de la terre et du ciel. Autrefois, les Anciens pensaient que nous étions guidés par les astres, comme les mages de l'Évangile. Mais, à présent, sondes, satellites, fusées ont permis à nos corps de faire cette révolution : ils réalisent qu'ils sont les hôtes d'une petite tache bleue dans le ciel infini, *a pale blue dot*. Les hôtes précaires et fugitifs d'un petit point bleu pâle. Rien n'a vraiment changé depuis les mages en Galilée. L'étoile au-dessus de nos têtes désigne ce lieu dérisoire mais offert à notre besoin le plus nu comme à notre apparition en ce monde — l'humilité même de notre condition terrestre. Une crèche, dit l'Évangile de Luc, littéralement une mangeoire, c'est-à-dire un pauvre lieu pour se restaurer, où se reposer, se perdre aussi. La terre où crécher. La terre abri et tombeau également. Mon amour disparue de la crèche, engloutie tout au fond de ce minuscule point bleu pâle. Disparition invisible depuis l'espace. On parle de conquête spatiale mais finalement nous ne pouvons conquérir l'espace. Il nous entoure, nous avale. Nous lui appartenons. Telle est notre énigmatique condition d'habitants passagers, transitoires, d'un petit monde parmi d'autres mondes. Notre effacement et notre grandeur à la fois. « L'espace vient nous résoudre », écrit Valère Novarina. Je comprends d'abord résoudre au sens tragique de décomposer un corps, le faire passer d'un état à un autre. Résoudre les corps en poussière. Mais aussi au sens de trouver la solution d'une énigme, de résoudre un problème. Et enfin au sens de consentir à quelque chose. Notre destin s'ouvre ainsi de façon vertigineuse. Nous devons nous penser de la terre et de l'espace. Accepter notre destin sidéral, comme l'expliquait le philosophe Élie During dans un bouleversant article de la revue *Esprit*[1]. À notre bonne vieille et déchirante condition terrestre, il convient d'associer dorénavant ce que During appelle « notre condition orbitale ». Il ne s'agit pas d'alimenter les peurs d'un déracinement ou le fantasme d'une vie transformée. La vision orbitale de la Terre inaugure autre chose : « La découverte d'un nouveau point de vue sur la planète en tant que telle et, par là, de l'humanité sur elle-même, pour autant qu'elle ne

1. N° 433, mars-avril 2017.

peut se résoudre simplement à *vivre ici.* » Appelons cela, ajoute le philosophe, « vie simultanée ». Nous ne serons plus jamais uniquement de ce monde. Le spationaute Thomas Pesquet a récemment rapporté cette métaphore de son expédition dans l'espace : « La Terre est un formidable vaisseau spatial. » Cette condition orbitale nous oblige. D'une part à repenser notre enracinement en terre, à lui redonner sens et valeur, et d'autre part à nous résoudre à la révolution de notre condition, nous reconnaître responsables d'une vision élargie de notre petitesse même, de notre fragilité, que viennent paradoxalement nous faire découvrir notre savoir immense et notre prouesse technologique. Devenus acteurs d'une formidable extension de notre perception humaine, nous sommes tous les passagers d'un même vaisseau. J'ai relevé la tête vers le ciel étoilé. Combien noire est la nuit sur nos épaules. La disparition de l'être aimé nous rappelle au néant qui nous emporte. Mais qui pourrait prétendre n'être que de ce monde maintenant que nous sommes en mesure de nous voir visiblement invisibles depuis l'espace ? Petit point bleu pâle qui abrite nos victoires comme nos plus violentes défaites. Et si nous ne sommes obligés de croire en rien, certains d'entre nous affirment que l'amour voit l'invisible. J'ai quitté les étoiles et fait quelques pas de plus sur la terre.

Juste un homme

11 janvier 2018

Disons que dans mille ans un pâle jeune homme qui pourrait avoir en charge la tâche curieuse et probablement assommante de conserver et de décrypter d'étranges objets de papier reliés dans lesquels des créatures douées de raison et de sentiments auraient consigné par écrit des histoires, des pensées, des désirs, aurait retrouvé ce dialogue dans un vieil ouvrage digne des *disputationes* de la scolastique médiévale (peut-être ce livre-là que vous tenez entre vos mains).

— Où vivons-nous ?

— Dans une vieille maison où rien ne crie jamais victoire.

— Qu'y faisons-nous ?

— Nous lisons des livres.

— Qu'est-ce que c'est un livre ?

— Un abri de papier dans lequel mener l'exploration de la vie à travers les mots et la langue.

Mon ami Olivier Cadiot propose : « On lit des livres pour trouver la bonne distance avec la vie. C'est un réglage raffiné. » Ou encore : « pour rendre les choses le plus clair possible dans le noir[1] » ; c'est comme marcher à la recherche d'une avenue, d'un objet ou d'une personne qui n'existe pas. Plus le chemin est long, mystérieux, décevant, plus cela existe.

— Comment fait-on un livre ?

— On l'écrit.

— Qu'est-ce que c'est écrire ?

— J'aime beaucoup ce qu'a répondu à cette question Marguerite Duras[2] : « Le doute, c'est écrire. L'écrit ça arrive comme le vent, c'est nu, c'est de l'encre, c'est l'écrit, et ça passe comme rien d'autre ne passe dans la vie, rien de plus, sauf elle, la vie. »

— Comment peut exister un livre ?

— Par le choix, la décision et la grâce d'un éditeur.

— Qu'est-ce que c'est un éditeur ?

1. *Histoire de la littérature récente*, t. II, P.O.L, 2017.
2. *Écrire*, Gallimard, 1993.

— Déjà une espèce en voie d'extinction. Quelqu'un capable de dire, comme un certain Paul Otchakovsky-Laurens, éditeur pendant près de cinquante ans : « La vie d'éditeur est faite de trahisons, d'échappatoires, de lâchetés. » Et de dire aussi : « Je cherche dans les livres une certaine forme de trouble, de mise en péril. »

— Comment cela ?

— La vie, dans un livre, se révèle plus excitante et dangereuse, terrible ou magnifique. On disait même autrefois que dans les livres, la beauté charnelle y était parfois rendue désirable afin qu'on n'y touchât pas. On appelle encore cela la littérature.

— Qu'est-ce que c'est la littérature ?

— Toujours ce merveilleux Paul Otchakovsky-Laurens qui a fondé sa maison d'édition sur ses initiales, P.O.L : « La littérature, c'est une interrogation de la langue. » Interrogation menée par un auteur qui conduit inexorablement à enrichir, bouleverser, inquiéter notre rapport au monde et à l'existence.

— Qu'est-ce que c'est un auteur ?

— Quelqu'un dont le travail sur la langue et la vie augmente notre force d'exister. Le mot vient du latin *auctor*, celui qui augmente. Le même Paul : « Quelqu'un capable de me sauver la vie. » Qui *augmente* la vie. Ou celui qui permet de voir combien

« la beauté des images est logée à l'arrière des choses » (selon un vieil auteur déjà, Marcel Proust).

À présent, mes amis, revenons quelques centaines d'années auparavant. Revenons à nos existences contemporaines. Aujourd'hui, les livres sont encore parmi nous. Nous voudrions que cela ne meure jamais. Il faut ouvrir les livres et les lire tant qu'il est encore temps. Il faut soutenir, encourager une édition indépendante, subjective, libre, créative. « Cette activité économiquement aberrante », expliquait Paul Otchakovsky-Laurens en souriant, parce que sans l'aberration de notre liberté, de nos choix, il ne peut y avoir de société capable de se réinventer, et de transmettre librement la formidable inquiétude humaine qui s'exprime dans la fragilité d'une langue et le travail de l'écriture, inventée il n'y a guère plus de cinq mille ans. Personnellement, je n'ai pas découvert d'abord la littérature dans les livres, mais dans la vie. Je l'ai pressentie en quelque sorte, je l'ai devinée physiquement, et peut-être même je l'ai inventée dans les yeux de mon père. Lui serait étonné aujourd'hui s'il m'entendait. Mais oui, j'ai inventé la littérature pour sauver ce que je voyais dans les yeux de mon père. Et qu'ai-je vu alors de si terrible dans les yeux de mon père ? C'est Paul Otchakovsky-Laurens, encore lui, un jour, qui m'aida à le formuler ainsi. Je venais de le rencontrer et de lui remettre un manuscrit, villa d'Alésia, à Paris. J'avais découvert dans les yeux de mon père, m'a-t-il dit, « quelque chose qui ne passait pas », et c'était la raison pour laquelle j'écrivais. Cela ne me quitterait plus. L'objet même, secret, bouleversant, auquel toute littérature se consacre. On chasse alors les mots, comme d'autres des musaraignes, des ours ou des oiseaux, pour tenter de dire, d'attraper dans la dérision des mots, « ce qui ne passait pas ». Tout ce qui « dans le temporel rate si merveilleusement », comme l'écrivait aussi Charles Péguy.

Paul Otchakovsky-Laurens (1944-2018) était mon éditeur depuis près de trente ans. Je l'aimais comme on aime une personne dont la confiance déraisonnable m'a aidé par la littérature à devenir un homme, juste un homme.

Au moment des choix

18 janvier 2018

J'ai senti qu'elle voulait ajouter quelque chose mais qu'elle hésitait et cherchait ses mots. J'ai posé ma main sur la sienne pour l'encourager. Elle a murmuré : « Je préférerais ne pas… » Dehors, le ciel devenait noir tandis que l'arête des collines dessinait une ligne rouge et brisée comme un cœur déchiré. Je ne vous dirais pas, mes amis, les termes du dilemme de cette jeune femme. Mais nous avons tous, un jour ou l'autre, été devant un choix à exprimer, confronté à une décision difficile à prendre. Je vais essayer de partager avec vous ces contrariétés, pour reprendre un mot de Pascal, et qui n'est pas le simple déplaisir causé par l'opposition de deux choses contraires. La contrariété, au sens pascalien, appelle une manière propre de la poser, d'en rendre raison et ainsi de la respecter pour ce qu'elle exprime de notre humanité même. Elle nous place dans une situation telle que nous ne pouvons pas ne pas nous interroger. Ce sera ma façon à moi de réagir aux débats qui ne vont pas manquer de nous agiter cette année encore. Par exemple, les questions de bioéthique, après la publication d'un récent sondage dans ce journal (*La Croix*), comme l'élargissement de la procréation médicalement assistée, la levée de l'interdiction de la gestation pour autrui, et tant d'autres. Comment dialoguer avec tous ceux qui semblent avoir une réponse ferme, quelle qu'elle soit, à chacune de ces questions ? Je l'avoue, ce n'est pas toujours mon cas. En respect de cette émouvante soirée entre cette jeune femme et moi, alors que l'arête rouge, irrégulière des collines s'estompait dans la nuit. Je préfère habiter la contrariété. Notre existence est tissée d'indécisions. Qui, aujourd'hui, prend le temps de savoir ce qu'est la solitude des choix de chacun ? Comment imaginer que nous puissions passer notre vie sans écouter l'errance de nos incertitudes, de nos déchirantes révisions ? À l'autre qui nous oppose sa censure, son veto, pire encore sa haine, j'aimerais répondre par mes incertitudes, et ma réserve, ma *privacy*, comme disent les Anglais, mon intimité, que je préfère traduire par le vieux mot français de privauté — ce qui est intime et privé, et qui n'a pris le sens d'une familiarité extrême que pour dénoncer précisément l'intrusion dans l'intimité de l'autre. La jeune fille de mon souvenir m'a rappelé l'histoire de Bartleby, le copiste, une nouvelle de Melville, l'auteur de *Moby Dick*, qui raconte la résistance douce mais implacable d'un petit copiste aux ordres, bien naturels pour lui, de son notaire de patron : « Imaginez ma surprise, non, ma consternation, quand sans bouger de sa privauté (*privacy*), Bartleby, d'une voix ferme et singulièrement douce, m'a répondu : Je préférerais ne pas (*I would prefer not to*). » Une douceur crépusculaire, de lumière suspendue, dans laquelle nous sommes invités à accueillir la solitude ou la privauté d'autrui. Qui n'a jamais éprouvé ce sentiment vertigineux de se voir opposer non pas une position ferme mais cette douce et passive résistance, fugitif entrebâillement sur la vie intérieure d'autrui ? Chacun peut l'avoir éprouvé dans sa vie, à l'heure trouble d'un choix à faire. Or c'est depuis cette solitude que chacun appelle à être respecté et aimé. Sur ce lointain proche, la paix s'établit, le pardon s'écrit, la compassion agit. Depuis la solitude de notre pays lointain, intérieur. Je me souviens aussi de cette magnifique ouverture de *Walden ou La vie dans les bois*, le livre de Henry David Thoreau, dans laquelle il exige de l'écrivain « un récit comme celui qu'il enverrait aux siens d'un pays lointain ; car s'il a mené une vie sincère, ce doit avoir été en un pays lointain ». Face à l'autre qui ne pense pas forcément comme nous, il ne peut exister de position incontestée d'où l'on pourrait trancher la question. Nous devrions cesser de faire payer aux autres les frais de notre désaccord. Ce qui est nécessaire quand nous nous confrontons à une autre personne, ce n'est pas nécessairement de l'aimer ou d'être d'accord avec elle, mais d'être disposé à tenir compte de sa position, accepter son éloignement, sa distance, et en supporter les conséquences. Pensons à ces présences croisées qui n'ont pas toujours souhaité nous accompagner dans nos choix, qui ont résisté avec douceur à nos injonctions. Ces Bartleby défendent quelque chose d'infiniment précieux : la dignité de chaque personne tient à une préférence privée inexprimable. Ce qui est privé n'est pas ce qui est secret ou caché mais ce qui n'appartient qu'à soi. Avant de s'opposer, de décréter, respectons nos incertitudes et notre liberté de « ne pas savoir ». Ce sont les témoins de notre « vie sincère ». Prenons garde, mes amis, au moment des choix à venir, que la voix lointaine de notre humanité la plus privée, que nous entendons dans notre solitude, ne s'affaiblisse pas jusqu'à devenir inaudible à mesure que nous réinventons notre monde.

« Le nom du monde est forêt »

25 janvier 2018

Une des rencontres les plus importantes de ma vie fut, je crois bien, ma rencontre avec une forêt. Celle de Llyn Crafnant, dans le nord du pays de Galles. J'avais une vingtaine d'années, en villégiature, j'ai soudain un petit matin de promenade réalisé l'expérience d'un royaume sensible dans lequel je venais de faire effraction en douceur. Comme on entre dans les flots pour s'y baigner, je plongeais dans la silencieuse et mouvante souveraineté du végétal. Je faisais la rencontre d'une présence autre. Une présence tangible, poignante, perceptible dans un silence vivant, peuplé de rumeurs et de chants, de froissements de feuillages, de végétaux. Mais, plus troublant encore, j'éprouvais le sentiment de ma propre présence devant elle, en elle, la forêt. J'existais de l'avoir découverte et de la visiter. Une rencontre, c'est faire ainsi l'expérience subjective de l'altérité, du mystère d'une autre présence que la nôtre. Peut-on faire des rencontres avec des forêts comme nous pouvons en vivre avec les personnes de notre espèce ? Certes, une forêt n'est pas une personne, mais serions-nous des personnes sans notre relation avec le monde naturel, avec les vivants, avec tout le vivant ? C'est une sorte d'éducation sentimentale qu'il faut poursuivre et intensifier. Exprimer nos émotions devant la nature, reconnaître l'asymétrie de la rencontre entre l'humanité et le monde végétal. Nous ne sommes pas forêt et pourtant nous éprouvons la forêt. Comme nous participons ainsi à son entendement, à sa compréhension. Le souvenir de cette promenade en forêt prend aujourd'hui pour moi une signification presque tragique. L'humanité est convoquée à devoir revisiter de fond en comble cette vieille histoire métaphysique, entachée de sang, de l'être comme présence au monde. S'il y a un appel de la forêt, c'est aujourd'hui l'appel à cette rencontre avec le monde naturel. La question, sans doute la plus urgente, qui nous est posée, à nous les humains, est celle de la nature que nous sommes, et surtout de la nature que nous partageons avec d'autres non-humains. Depuis des siècles, nous tirons notre importance, notre grandeur de ce que nous détruisons, déforestons. Nous n'avons vu qu'un environnement que nous pourrions aménager à notre guise, un territoire à occuper et à transformer, là où tragiquement les humains « ne faisaient que modifier à la marge le décor de leurs drames », pour reprendre quelques mots de Bruno Latour dans un petit livre[1] à lire de toute urgence. L'homme s'est trop souvent comporté sur son propre sol, au cœur de son propre monde, comme un voyageur d'un autre monde. Celui fantasmé de sa puissance et de sa grandeur. Occupant, colonisant, dépeuplant, défrichant le monde de sa propre gestation. Ce monde que la tradition biblique, dans un bouleversant récit énigmatique ouvrant le Livre, le premier chapitre de la Genèse, raconte comme offert à la douceur de la souveraineté fragile de l'humanité. Non pas offert comme s'il s'agissait d'un bien à conquérir. Chapitre révolutionnaire qui raconte moins un commencement qu'une fin ou une espérance : veiller sur le monde qui ne sera authentiquement nôtre que de notre participation à ce monde avec d'autres que nous, animaux, végétaux, écosystèmes fragiles et prodigieux… Il s'agit de décider non plus d'occuper le monde mais de nous rendre présents au monde, dans la reconnaissance politique de souverainetés multiples. Penser la

1. *Où atterrir ?*, La Découverte, 2017.

présence des autres que nous dans le souvenir inouï et furtif de ces présences naturelles qui nous ont précédés. Nous ouvrons alors une mémoire immense, non seulement de notre présence mais tout autant de notre propre absence. Oh mes amis, chaque forêt nous précède. Nous y entrons avec le sentiment de pénétrer dans un immense souvenir vivant. Le nom du monde est forêt, ai-je pensé quand une amie m'a transmis cette petite nouvelle passée inaperçue : des scientifiques de l'université du Wisconsin ont récemment mis au jour une forêt fossilisée au pôle Sud, qui daterait de 280 millions d'années ! Ils auraient découvert treize arbres fossilisés datant de la période précédant une extinction massive de la vie sur Terre, probablement en raison de changements climatiques radicaux il y a environ 252 millions d'années. L'équipe a identifié des espèces végétales aujourd'hui disparues, mais qui auraient dominé le paysage de l'Antarctique. Dont une espèce d'arbre qui pouvait atteindre jusqu'à 40 mètres de haut et possédait des feuilles larges et longues. Fossiles ensevelis par des cendres volcaniques avant de se transformer en roches. Sous nos glaces contemporaines, nos pôles exténués, dorment les forêts d'hier. « Oh être l'amant obscur des fleuves et des forêts ! », écrivait il y a plus de deux mille ans le vieux Virgile (*Géorgiques*).

Prison, un déni d'humanité

1er février 2018

Appelons-le D. Je l'aimais bien. J'avoue même avoir fait passer à l'extérieur des messages qu'il me confiait. Je l'ai connu au bloc B de la prison de la Santé, à Paris, où je venais deux fois par semaine enseigner la littérature à une petite bande d'étudiants dits « empêchés » selon l'euphémisme cruel de la langue administrative. On y lisait Henri Michaux, Corneille, Flaubert… Des prisonniers de tous les âges, de toutes les sales histoires possibles de l'existence, et d'histoires moins violentes, délicates de profondeur comme issues du grand lac inconnu au fond de chacun. Observez, mes amis, sur vous tous, sur vos habits propres, vous finirez par surprendre deux ou trois petites gouttes de cette eau trouble sortie du lac intérieur — notre conscience. En prison, j'expérimentais que les mots pouvaient nous trahir et que le sens que nous cherchons à communiquer aux autres par les mots se révélait autrement plus difficile à saisir derrière les barreaux. D. avouait drôlement avoir « arraisonné quelques diligences ». Difficile d'avoir plus de précisions sur les horaires et la nature de ces diligences… Ce n'était pas non plus son premier séjour entre les murs. Mais une fois je l'ai vu très mal en point dans sa petite veste noire décousue, boutons arrachés. Une bagarre, des coups, une punition, je n'ai rien pu savoir. Il était exténué mais souriait dans le vague, aimable, comme à l'ordinaire. Et ce jour-là, il est venu me dire simplement qu'il n'en pouvait plus de la promiscuité, de la violence, de l'absence d'air et de soleil, de l'absence surtout de perspective, d'horizon. Et de considération. « Il n'y a plus personne au monde pour moi, m'a-t-il murmuré à l'oreille. Je ne sais pas qui pourrait encore être responsable de moi. » J'ai senti, et j'éprouve encore aujourd'hui près de trente ans plus tard, un coup de honte et de flamme. La prison est une chose énorme et difficile à loger dans nos espaces dits de liberté comme dans notre âme, si nous en avons encore une. On voudrait construire davantage de prisons, nous dit-on. Mais on voudrait ne pas en entendre parler. On veut bien qu'il y ait des prisonniers et nécessairement des gardiens de prison. Mais on voudrait ne pas en entendre parler non plus. Or ils parlent, ils se plaignent. Ils disent et révèlent des choses que nous faisons semblant de ne pas voir, de ne pas savoir. Il n'est pas interdit de penser que notre société tient à ce déni. Nos prisons nous ressemblent. Et c'est ce vis-à-vis avec notre propre humanité qui nous fait peur au point que, traumatisés, nous cherchons à savoir et à ne pas savoir. Enfermer pour ne plus voir, ne plus entendre ce qui nous embarrasse de cette humanité trouble, notre humanité, c'est immanquablement être confronté un jour ou l'autre à notre propre irresponsabilité, à notre propre cruauté. Car être humain, c'est aussi accepter de considérer loyalement l'erreur, la violence, les illusions, les mensonges, la détresse et le crime. C'est refuser qu'il puisse y avoir des vies indignes, des vies fantômes sans espoir. On me dit : mais nous ne pouvons prendre le risque d'être faible face à la volonté de nuire de certains. Sans doute. Mais cela ne suffira jamais à nous rendre la paix. Est-il besoin de dire que nulle justice n'apaisera nos souffrances par un déni d'humanité ? Oh nous préférons souvent réduire notre responsabilité à l'égard d'autrui à des procédures disculpabilisantes, techniciennes, à des stratégies d'abandon ou d'esquive. Le coût réel de notre errance devant l'erreur, la terreur et le mal n'est jamais calculé. La question, mes amis, n'est pas ici de nier à la société son droit de juger ni celui d'embastiller, mais bien de comprendre qu'une société digne d'elle-même est une société qui devrait se sentir d'autant plus responsable de l'autre qu'elle l'aura jugé et embastillé selon ses lois. Si le droit cesse derrière les murs des prisons, il n'y aura plus de droit du tout entre nous. Oui, nous sommes d'autant plus responsables d'autrui que nous avons exercé sur lui notre droit de le juger et de le punir. Notre première responsabilité envers lui est de ne pas l'abandonner à son seul châtiment et de préserver comme une promesse ce qui peut advenir encore, au-delà des barreaux et de la peine. Notre société ne sait plus ni où ni comment écrire le rappel à la solidarité absolue qui nous lie à tout être humain, jusqu'à celui, et peut-être prioritairement, que nous avons enfermé et condamné. D. a été libéré, il n'y a pas si longtemps. Je l'ai revu ces jours derniers. Nous avons pris un verre de vin ensemble pas loin de la place Clichy. Pas besoin de lui parler du passé. Il m'a serré dans ses bras avant de poser sur moi son regard froidement indulgent, à peine apitoyé, et s'attendant vaguement au pire. Moi, silencieusement, je me suis souvenu de cette question de saint Augustin : « Où et quand ai-je été dans l'innocence ? »

Les oiseaux de Gaza

8 février 2018

Cher Abdel Karim,

Je me permets de t'écrire sans savoir si cette lettre t'arrivera, et en espérant surtout que si tu venais à en prendre connaissance, mes mots t'apportent un peu de cette immense consolation qui serait nécessaire pour apaiser l'injustice de ta situation. Je ne te connais pas. J'ai découvert ton nom ces jours-ci dans les dépêches d'une agence d'informations. Abdel Karim Al Kafarnah, tu es un jeune Palestinien de 24 ans. Tu habites avec ta famille Beit Hanoun, une petite ville dans le nord de la bande de Gaza. Un des lieux du monde aujourd'hui parmi les plus injustement frappés, humiliés, appauvris, où vivent près de 2 millions de personnes prisonnières chez elles d'un blocus interminable. J'en venais à réfléchir à tout cela, dans l'inquiétude hebdomadaire dérisoire d'avoir à rédiger ma petite chronique, découvrant qu'il y a quatre ans, la maison de ta famille, cher Abdel Karim, était détruite sous les bombes, ton jardin éventré par de larges cratères. C'était l'été 2014. Dans la lumière toujours un peu laiteuse là-bas éclatait l'opération Bordure protectrice, offensive militaire de l'armée israélienne. Les oiseaux ont disparu. La lumière dans le ciel s'est déchirée. Me reviennent, en t'écrivant cette lettre, les mots du poète palestinien Gharib Asqalani : « Il n'y a pas d'oiseaux dans le ciel de Gaza. » L'espoir s'est enfui avec eux. Il suffit d'écouter ou de lire les messages sur les réseaux sociaux des jeunes Gazaouis comme toi, enfermés chez eux là-bas, devenus orphelins de leur propre histoire, de leur propre destin. Gaza n'est plus Gaza. Abdel Karim, tu vis un exil intérieur. Ta ville, ta terre n'ont d'autre mémoire que la guerre et la violence. Il y a quelques jours, en ce début d'année, de fortes pluies se sont abattues sur Gaza. Toi, Abdel Karim, tu es désœuvré, tu observes l'eau ruisseler et s'engouffrer parmi les ruines de ton jardin ravagé. Tu remarques que l'eau est aspirée dans un des trous du terrain. Tu te lèves pour repérer l'endroit de l'écoulement sous une large pierre. Tu racontes : « Lorsque j'ai soulevé la pierre, une forte odeur s'est répandue. » Tu découvres quelques marches menant quatre mètres plus bas à une fosse. En descendant, sur le sol détrempé dans le noir, tu vois neuf tombes, certaines d'entre elles contiennent des ossements. Tu trouves des poteries anciennes et même une lanterne. Les archéologues venus sur place s'interrogent. La méthode utilisée pour la sépulture date probablement de l'époque romaine, ou du début de la période byzantine, entre le Ier et le Ve siècle de notre ère, peut-être plus tôt encore. Voilà. Quelques ossements desséchés découverts au hasard cruel de la guerre et des pluies rappellent à Gaza qu'elle fut vivante, ouverte, possédée, habitée… Gaza souveraine et riche, convoitée depuis plus de trois mille ans. Ces vies disparues dont tu retrouves la poussière viennent interroger les vies fantômes des tiens aujourd'hui dans leurs jardins dévastés. En lisant ton histoire, en essayant bien maladroitement d'y participer un peu, j'ai pensé que le passé réapparaît sous nos yeux lorsque, peut-être, le présent nous enferme, ou quand le sentiment nous étreint d'un avenir impossible. Quelque chose se produit. Les morts nous parlent. Les vieilles pierres se fendent. La terre s'ouvre. Les découvertes que nous faisons du passé interrogent alors davantage notre situation présente que d'indéfinissables reconstructions des époques révolues. Une sépulture antique et familiale peut signifier aujourd'hui qu'une brèche est possible dans cet enfermement contemporain que tu subis là-bas. Quel renversement ! Quel paradoxe ! La mort nous rappelle à la vie. Mon émotion tient moins à la découverte elle-même, ce genre de tombes était relativement commun dans les environs de Jérusalem aux débuts de notre ère, qu'à ta situation, Abdel Karim Al Kafarnah. Ce jardin défoncé par les bombes, noyé sous une pluie d'orage, ces vies blessées, anéanties, opposent l'insignifiance de leurs lieux quotidiens et familiers au déchaînement de la force. Et cette insignifiance même apporte comme une cicatrice le témoignage d'un temps plus vaste, d'autres vies et destins que les nôtres. Pourquoi détruire ? enfermer ? humilier ? semblent demander les sépultures antiques. Des os et des reliques témoignent pauvrement et de la mort et de la gloire. Finalement le passé s'est ouvert, le passé a silencieusement parlé pour vous rappeler, à toi Abdel Karim et à tous les enfants de Gaza, que vous appartenez à un destin, à une histoire, à une terre. Tenez bon, dans cette solidarité du lointain passé et de votre présent défiguré, vous les ébranlés de Gaza. Et ce vent de l'histoire, cette pluie sauvage, le noir des tombeaux d'autrefois feront revenir les oiseaux de Gaza.

Miracle et transhumanisme

15 mars 2018

Où situer ce qui fait notre humanité ? Alors que nous sommes chaque jour davantage envahis de questions étranges, littéralement monstrueuses, de questions chimères : embryons congelés, robots à capteurs, profilage génétique, êtres intelligents artificiels, chirurgie robotique à distance… Autant de créations, d'artefacts qui semblent nous détacher de notre ordinaire humanité, de notre quotidienne humanité. Et à mesure que l'on refoule cette humanité incomplète en apparence, précaire, malade, maladroite, à mesure que l'on tente de maîtriser l'embarrassante humanité des corps et des esprits, on s'effraie, on se déchire. On voudrait chasser cette vieille humanité souffrante, ou tout simplement insistante. On voudrait croire que toute la complicité des sciences et des techniques modernes tend à ce qu'on n'y pense plus. L'erreur est sans doute là. Il n'est pas dit que ces créations hybrides, nouveaux objets, nouvelles possibilités, ne participent pas également de notre puissante faiblesse humaine. Nous ne pouvons uniquement nous définir par adhésion ou par opposition à ce que nous produisons comme transformations. Notre destin humain ne se réduit ni à transhumer de force dans la technologie, ni à refuser de nous penser avec et par les objets que nous créons. « Tant que l'humanisme se fait par contraste avec l'objet laissé à l'épistémologie, nous ne comprenons ni l'humain ni le non-humain », expliquait, il y a déjà quelques années, Bruno Latour dans un excellent livre[1]. Or ces temps-ci, un événement est venu nous rappeler plutôt discrètement à notre embarrassante humanité, et à la nécessité de s'accepter humains jusque dans nos limites floues, jusque dans l'étonnement de notre propre nature. Cet événement nous l'appelons miracle, faute de mieux précisément. Littéralement, ce qui est merveilleux, étonnant à voir. Ce fut devant la guérison de sœur Bernadette Moriau, « inexpliquée,

1. *Nous n'avons jamais été modernes. Essai d'anthropologie symétrique*, La Découverte, 1997.

dans l'état actuel des connaissances scientifiques », selon le Comité médical international de Lourdes. Atteinte d'une grave invalidité, sœur Bernadette Moriau avait recouvré, en 2008, à 69 ans, toutes ses facultés physiques après un pèlerinage. Un miracle, c'est ce que l'on veut dire quand on comprend que notre embarrassante humanité nous fait signe au-delà de nos impatiences et de nos impasses humaines, en direction de l'étonnement devant ce que nous sommes et ne sommes pas. Ainsi, accepter de donner une place à cet étonnement serait ce qui nous permettrait de nous accepter dans nos transhumances humaines, de forces en faiblesses, d'impasses en inventions, de présences en virtualités… Les miracles remplissent la fonction symbolique d'exprimer non seulement la compassion de Dieu mais aussi son infinie disponibilité à l'égard de ce que nous voudrions abandonner de notre humanité : faiblesses, limites, exclusions, maladies… Paradoxalement, un miracle nous ramène à l'ordinaire de notre humanité tout en reconnaissant l'étonnement que nous sommes à nous-mêmes : les passages, les transformations, les métamorphoses qui font aussi notre condition de vivant humain. Il n'y a de guérison, de délivrance qu'en passant par la reconnaissance de ce qui nous est impossible, difficile, douloureux, énigmatique, jusqu'à l'étonnement. L'étonnement du miracle éclaire notre part obscure, nous fait comprendre que nous sommes appelés aussi à la transformation, à la différence. Reconnaître un miracle, c'est depuis ce bord nocturne de notre fragile condition une disponibilité tendue vers la répercussion de la merveille, de l'étonnement. Parce que la plénitude de cette attention portée à notre propre humanité jusque dans ses défauts, ses manquements, ne peut avoir lieu « sans qu'un changement peut-être infinitésimal mais réel s'opère dans l'âme », pour reprendre une belle expression de Simone Weil. La parole du miracle, celle qui reconnaît le passage, la transformation, de l'ordinaire et de l'extraordinaire, est une parole dont l'efficacité ne tiendrait plus forcément à son pouvoir de prouver, comme de nier d'ailleurs, mais tiendrait à notre capacité de nous étonner, de nous découvrir autre que nous sommes ou que nous pensions être. L'humain est dans le passage, la délégation, l'envoi, l'échange de formes. L'humain est apôtre au sens littéral de qui va loin, de qui est envoyé au loin et appelé à se dépasser. « Apprenez que l'homme passe infiniment l'homme[1]. » Je rappelle simplement alors que c'était ce que voulait signifier le premier emploi du néologisme italien

1. Pascal, *Pensées*, frag. 14.

transumanar, qui apparaît sous la plume d'un poète chrétien, un des plus grands, Dante, au premier chant de son *Paradis*, dans *La Divine Comédie*. Transhumaniser, le verbe exprime pour Dante l'action transformatrice qui l'ébranle, qui le « passe », l'étonnement qui le saisit fixant ses regards dans les yeux pénétrés d'éternité de Béatrice, son amour et son guide vers la Béatitude. Bref, un transhumanisme d'amour.

Profondeur de la frivolité

22 mars 2018

Il s'appelait Hubert Taffin de Givenchy. Il est mort le 10 mars dernier. C'était un des plus grands noms de la haute couture française. Il habillait la merveilleuse Audrey Hepburn, actrice et muse. Je n'aurais aucune légitimité à parler de lui si sa disparition ne m'avait pas rappelé brusquement à mon enfance. Au souvenir de ma mère. Elle nous disait aimer Givenchy. Évidemment, elle ne l'a jamais connu ni même croisé. Et nous n'imaginions rien de ce personnage. Mais sur les hauteurs de Nice où nous vivions au début des années 1960, près des arènes de Cimiez, maman rêvait de Givenchy. Elle dessinait et recopiait ses modèles sur de grands cahiers blancs. Elle taillait et cousait elle-même ses robes et ses manteaux. Elle avait songé, espéré, adolescente, connaître et pénétrer ce milieu scintillant de la mode, mais la vie l'avait guidée plus à l'ombre. Elle guettait, les beaux jours quand nous faisions un tour de plus sur la promenade des Anglais, les silhouettes des belles jeunes femmes fortunées qui descendaient dans les grands hôtels de la Côte. Il y a la beauté que l'on peut expliquer, disait-elle, et c'était déjà beaucoup, mais il y a également la beauté qui ne s'expliquera jamais. Elle ajoutait : « Et c'est cela l'élégance. » Non seulement quelque chose d'indéfinissable, mais ce qui de la beauté ne pouvait se calculer. Ce qui m'apparaît comme évident mais que je ne peux exprimer ni expliquer. Ce qui se voit mais dont on ne peut apporter ni preuve ni justification. Ce mot est resté pour moi comme l'énigme insoluble d'une mère et de son rêve perdu. Un mot un peu fade et secret dont l'étymologie même est douteuse. Les anciens Romains donnaient au mot *elegantia* le sens odieux d'une afféterie qu'ils jugeaient indigne. Depuis des années, je murmure ce mot dans le silence d'un amour souvent déchirant. Comment définir l'élégance ? À quoi la reconnaît-on ? Si j'osais, je dirais que l'élégance est comparable pour moi à la notion du temps pour saint Augustin : « Si personne ne me le demande, je sais. Si on me le demande et que je veuille l'expliquer, je ne sais plus » (*Les Confessions*, livre XI). Finalement, l'élégance paraît si seulement je n'ai pas essayé de la désigner. Rien ne peut l'exprimer car précisément elle naît de l'inexprimable. Ou peut-être de cette intention de ne pas essayer d'exprimer l'inexprimable. Pour un autre grand couturier, l'Espagnol Cristóbal Balenciaga, qui fut d'ailleurs le maître de Givenchy, l'élégance, c'était « faire une robe toute simple où il n'y a rien qu'une ligne », expliquait-il. Rien qu'une ligne. L'élégance tiendrait dans le *rien que*. Un détail que l'on n'aura pas cherché à obtenir mais qui s'impose par sa singularité, sa pure qualité de petit détail. Une réserve, quelque chose de si légèrement signifié qu'il n'exprime rien d'autre que lui-même. Un rien peut décider de l'élégance d'une personne, d'une allure, d'un sentiment, d'un vêtement, parce qu'un rien, un petit détail que l'on trouvera désobligeant, peut également effacer et détruire cette évidence aussi mystérieuse, désirable que rarement atteinte. C'est-à-dire qu'aucun vêtement, aucun accessoire, aucun signe ne peut porter à lui seul la responsabilité de l'élégance. Récemment, en parcourant les cahiers de François Mauriac pour tout autre chose, j'ai eu la surprise de retrouver le mot élégance et une troublante définition sous la plume du célèbre écrivain en 1960 : « L'élégance vraie tient à ce qui est le plus personnel, à ce que nous ne partageons avec personne. Notre être le plus secret y collabore et s'y trahit. » C'était, oui, le secret de ma mère. L'élégance ne se livre pas dans le seul paraître, mais elle est l'évidence de ce qui ne se reproduit pas, l'évidence de ce qui ne se partage pas. C'est en quelque sorte le supplément d'être d'une apparence, ce trouble gracieux qui fait effraction et rend à certaines apparences, à certains gestes comme à certaines pensées, une fine profondeur. Ce qui s'offre et se trahit de soi sans jamais nous appartenir tout à fait. Proche et lointain. Il peut y avoir, et c'est la morale de l'élégance, une profondeur de la frivolité, de la futilité. L'élégance consiste ainsi en une acceptation silencieuse, légère, gracieuse, des contingences du monde et de l'existence. Un signe est toujours possible malgré les difficultés, le découragement, ou l'uniformité sans saveur de certains jours. Un signe de reconnaissance inattendu, fragile, mais qui, une fois visible, nous devient évident parce qu'il offre du mystère au transitoire, au passager, au furtif. C'était, je le comprends à peine aujourd'hui, la secrète intention de maman, de son amour. Certaines existences nous apparaissent soudain, dans leur valeur, à la fragilité d'un détail, parfois à peine visible, à un petit signe inattendu qui rayonne de grâce.

Adieu, les oiseaux

29 mars 2018

Un jour nous nous réveillerons, nous ouvrirons nos fenêtres, et il n'y aura plus d'oiseaux. Ciel vide au-dessus de nos têtes et surtout ciel immobile. Adieu, les oiseaux. Plus de froissements d'ailes dans les arbres, plus de chants au-dessus des toits. Quelque chose même de notre présence au ciel aura été blessé, amoindri irrémédiablement. Nos réveils ne seront plus jamais les mêmes sans eux, les oiseaux. Des exemples de leur disparition ? L'alouette des champs a diminué de 35 % en l'espace d'un peu plus de vingt ans. Les dégâts sont encore plus spectaculaires pour d'autres espèces, comme les perdrix, qui ont diminué de 80 à 90 % sur les vingt-trois dernières années. Environ un tiers des oiseaux ont disparu des campagnes ces vingt dernières années, selon les observations du CNRS et du Muséum d'histoire naturelle. On pourrait chaque semaine tenir ainsi la chronique d'une espèce disparue. Or ce que nous sommes en train de perdre, ce n'est pas simplement quelques individus à plumes, c'est notre intimité au monde, à la nature, c'est notre « vivre au monde » qui est touché. Toutes ces apparitions familières disparues laisseront un vide immense et cruel susceptible de nous déséquilibrer pour toujours. Imaginez. Vivre sans oiseaux. Petites fusées vivantes. Peuple bavard et chanteur. Plus je tente de réfléchir à notre attitude devant ce désastre, plus je crois qu'il faut en poser la radicalité théologique. J'ai bien dit « ciel vide », c'est-à-dire que cette désaffection est une atteinte à notre être du ciel, à notre « corps des hauteurs célestes » (*epouranios soma*) pour reprendre la forte expression de saint Paul dans la première Lettre aux Corinthiens (1 Co 15,40). Et si je reprends la lecture de ce magnifique texte de saint Paul, je lis : « Autre est la chair des hommes / autre la chair du bétail / autre la chair des oiseaux / autre la chair des poissons » (1 Co 15,39)[1]. Je comprends bien que cette disparition est un vertige qui bouleverse l'altérité de la Création, et dont nous disons et croyons qu'elle nous a été confiée selon le

1. Dans notre traduction Hugues Cousin et moi, Bayard, 2001.

premier chapitre de la Genèse. Le ciel s'est éteint. Un Autre s'est évanoui. Et j'ajoute que dans le poème de la Création, les poissons et les oiseaux sont les premiers créés, au cinquième jour, après la séparation de la lumière et de la nuit. Sans la chair des étoiles, sans la chair des oiseaux, des poissons, que devient le corps de l'humanité que nous croyons, chrétiens, appelé à ressusciter ? C'est pour nous le devenir céleste de notre chair qui est en cause. D'une certaine façon, nous touchons ainsi au mystère de la fin des temps, fin comprise non pas comme une seule catastrophe finale mais comme une fin déjà là, une fin en travail et dont nous sommes les acteurs. Cette fin non pas du monde mais de notre « vivre au monde » coïncide avec notre moment présent, et chacun alors est appelé à jouer son rôle sans réserves et sans ambiguïtés. Ce que nous devons entendre et savoir déchiffrer, c'est cette histoire de la fin qui s'écrit sous nos yeux, qui ne revient pas à la fin de l'histoire mais qui signifie que nous sommes convoqués à agir. À quoi œuvrons-nous en laissant disparaître les altérités constitutives du vivant et de la chair du monde ? Nous œuvrons pour la fin, pour notre propre fin dans l'histoire et la Création. C'est exactement ce que l'Église, dans sa tradition, dénonce comme « mystère du mal ». Un passage, célèbre et obscur, de la deuxième Lettre de Paul aux Thessaloniciens prend ici tout son sens : « Doit venir l'apostasie et se révéler l'homme sans loi (*anthropos tes anomias*), le fils de la destruction » (2 Th 2,3). L'humanité « sans loi », c'est la nôtre aujourd'hui, l'humanité de la démesure qui se précipite dans la solitude de son être de création. Solitude de l'humanité dénoncée, dès les commencements, par le Créateur qui façonne les animaux (Gn 2,19). « Mystère du mal » ou « mystère de l'anomie (sans loi) », et dont je préfère la traduction latine, *mysterium facinoris*, littéralement mystère du crime, du meurtre, pour dénoncer notre violence envers la Création. Nous sommes complices de la disparition ou de l'affaiblissement de ce qui fait la Création, telle que nous l'avons racontée, célébrée ! C'est notre propre « être pour le ciel » qui s'efface. C'est Dieu qui se retire du monde. Et notre responsabilité est la plus grande devant la faiblesse éprouvée de la Création. M'est revenue à la mémoire cette tragique prière d'Etty Hillesum, à Westerbork où elle aidait à l'hôpital du camp de transit avant d'être envoyée elle-même à Auschwitz en 1943 : « Vous ne pouvez pas nous aider mais nous, nous nous devons de Vous aider, nous devons défendre Votre lieu d'habitation en nous jusqu'à la fin. » Si nous laissons se détruire notre « vivre au monde » avec les autres de la Création, c'est ce lieu en nous de Dieu que nous affaiblissons.

Un héros si vulnérable

5 avril 2018

La mort de l'officier de gendarmerie Arnaud Beltrame (1973-2018) est venue nous rappeler un mot ancien, un mot perdu, je veux parler de l'héroïsme. Contrairement à certaines représentations faciles et dégradées, l'héroïsme n'est pas réductible au seul exploit, à la seule puissance de l'action. S'en tenir à la toute-puissance du héros, c'est le défaire de la signification éthique de son sacrifice. C'est confondre sa noblesse avec la seule violence de l'action. C'est oublier que l'énigme de la démesure, de l'excès de certaines actions humaines sont au cœur de nos limites et de notre fragilité, non seulement physiques et matérielles, mais aussi et bien plus profondément nos limites éthiques, voire spirituelles.

L'héroïsme ne nous parlerait pas s'il n'avait lieu dans le désordre infini de la vie qui nous sollicite de toutes parts. Désordre de notre fragilité devant le bien et le mal. Précisément et paradoxalement, un héros est celui dont la liberté lui fait accepter des choses qu'il ne maîtrise pas. C'est l'impuissance du héros qui fait la vaillance du héros. Les auteurs de nos anciennes chansons de geste le savaient bien, ils touchaient l'âme de leurs auditeurs par le récit d'actions extraordinaires menées par des hommes qui pleuraient, qui vacillaient, et dont les faiblesses mortelles témoignaient de leur courage. La mort venait, hélas, signer leur vulnérabilité ; et cette vulnérabilité nous rappelait à la nôtre et à celle de tout bien, de toute justice. Une action humaine bonne et juste ne l'est que de la vulnérabilité de la vie humaine, que de la fragilité du bien et des valeurs humaines. C'est la raison pour laquelle l'héroïsme était si important dans la pensée des Anciens. Par nos actions libres et volontaires nous assumons que la vie est digne d'être vécue. Or le héros est celui qui nous rappelle que ce qui rend la vie digne d'être vécue peut parfois conduire à mettre fin à cette vie, prenant le risque de détruire cette vie qui nous est si chère. Le héros ne méprise pas la vie, comme le rappelait Aristote. Plus un homme fait preuve de courage, plus il est attristé par la perspective de la mort. Parce que le courage authentique naît de la considération infinie que nous portons à la vie. La nôtre comme celle de tout autre. Ce qui nous bouleverse dans l'héroïsme, c'est ce conflit de l'exigence éthique entre avoir à assumer la liberté de vivre, de vivre bien comme de vivre le Bien, et la nécessité parfois de risquer cette liberté à sa propre fin. Faut-il faire le sacrifice de la possibilité d'agir bien, en renonçant à l'action qui pourrait sauver une vie, ou faut-il faire le sacrifice de la vie elle-même ? C'est la douloureuse et incohérente mélancolie de l'héroïsme. Aristote, d'ailleurs, s'interrogeait à propos des êtres illimités ou des dieux. Peuvent-ils comprendre les valeurs éthiques des hommes ? Ils n'endurent pas, explique le philosophe, des choses redoutables en prenant des risques parce que c'est noble. La mythologie abonde d'histoires dans lesquelles les dieux considèrent leur propre manque de limites comme une contrainte. Ils envient aux mortels leurs amours contrariées, leur courage, leurs aspirations déchirantes et leurs besoins. L'immortalité du dieu ou du personnage tout-puissant, ou de celui qui se prend pour tel, le prive de l'intensité du courage mortel et de la beauté de l'action juste et généreuse. C'est reconnaître qu'un héros ne l'est qu'au regard de nos limites et de nos faiblesses. C'est-à-dire que la beauté et la bonté que l'on accorde à la vie humaine ne peuvent être considérées ni comprises en dehors de notre vulnérabilité. Ce qui revêt pour nous de la valeur dépend essentiellement de nos besoins et de nos limites. Le courage, c'est de supporter sans fléchir notre vulnérabilité, sachant que pour la préserver il peut nous arriver d'avoir à la mettre en péril. Et finalement, le héros vient nous rappeler que l'absence de limites, le sentiment, la croyance fanatique d'être sans limites, sont eux-mêmes de terribles limites. Une véritable action héroïque se met librement au service du bien en faisant de notre vulnérabilité la seule puissance de vie et de désir. C'est ce qui différencie radicalement l'action héroïque de l'action terroriste. Le grand romancier russe Dostoïevski l'avait compris, lui qui faisait dire à ses apprentis terroristes (*Les Démons*) : « Nous tuerons le désir. » Nous abolirons ce qui nous rend si vulnérables, aimants et inquiets, fragiles et curieux de vivre. Or il n'y a de bien et de bon qu'à l'intérieur des frontières qui nous définissent comme créatures mortelles et désirantes, et cette nécessité même est constitutive de beauté. Et d'honneur.

Un prophète, Maurice Bellet (1923-2018)

12 avril 2018

Cher Maurice,

J'ai appris ta mort le 5 avril dernier, je te savais souffrant et affaibli. Je devais te rendre visite et je n'aurai pas eu le temps ni sans doute le courage de le faire. Je te demande pardon. Cet automne, tu m'avais appelé et nous avions convenu de nous revoir très vite, d'autant que tu venais, me disais-tu, de finir d'écrire un nouveau livre. Et avec humour et innocence, tu as ajouté comme chaque fois que tu m'annonçais un nouvel ouvrage : « Vous verrez, cher Frédéric, ce livre me fait peur, je ne comprends pas comment j'ai pu vouloir dire tout cela… » À présent, tu es loin et si proche soudain. J'ai, comme beaucoup d'autres, une dette immense envers toi. Je vais tâcher ici de dire en quelques mots, exactement et honnêtement, en quoi elle consiste. Cela va te surprendre peut-être, ou plutôt cela te fera sourire (tu aimais tant sourire avec cette espièglerie si vive, si douce à la fois, qui te caractérisait). Tu étais un combattant, Maurice. Oh pas un guerrier, pas un violent. Tu étais ce grand petit homme qui avait accepté avec lucidité autant de monter au front que de descendre dans l'abîme. Sur le front de nos pires déchirures contemporaines et jusque dans l'abîme de nos peurs, de nos incompréhensions. On ne peut faire l'économie de la confrontation avec le malheur, les souffrances, rappelais-tu. Et si mission il y a, c'est d'accompagner l'en bas, les êtres perdus sans chemin. Tu y voyais même le préalable à l'exercice de l'intelligence, cette extrême curiosité pour les énigmes, les embarras du corps et de l'esprit. Tu écrivais que notre tâche était de participer au devoir de respect et d'attention envers tout être humain. Ne pas craindre ce qui se défait mais tenter, par le vide créé, de trouver un peu de liberté et d'espace pour faire un pas de plus. Lors d'un de nos nombreux déjeuners, j'avais maladroitement osé te confier qu'il m'était souvent très difficile de répondre à la question de la foi. Tu m'avais répondu avec véhémence que précisément la foi était à elle-même sa question. Je n'avais pas à m'en excuser. Il ne s'agissait pas « d'avoir la foi », comme l'on dit, mais que la foi était cette embarrassante question qui devait d'ailleurs nous conduire à ne jamais nous satisfaire des réponses définitives. Que la foi n'avait d'intérêt que si sa question nous poussait à nous déplacer, à nous retourner et à nous contredire même. Ah, tu en as surpris, souvent dérouté et aussi souvent agacé pas mal ! La foi désignait pour toi le combat, la bataille que tout être humain était invité à mener sur le champ de la parole. Car ce lieu d'attention à l'énigme du monde et des autres, c'est la parole. Tu répétais souvent : « Je voudrais dire une parole que tout être humain puisse entendre. » Cette phrase m'avait bouleversé. Tu l'inscriras en exergue de ton livre, *Le Meurtre de la parole* (Bayard, 2006). Et tu affirmais que l'Évangile est « une parole dont la fonction n'est pas de terrifier mais d'éveiller, délier, conforter, réjouir ». Cette parole pouvait être aussi un feu, une lame tranchante parfois, parce que toute parole d'amour est une parole qui ose dénoncer l'horreur du meurtre, de l'avilissement, de l'abandon. Dans un de tes derniers livres que j'ai eu l'honneur de publier, tu finissais sur la puissance de la charité, cette douceur « qui fait à l'autre ce don majeur : qu'il se sente exister, humain parmi les humains, sans que de lui ou d'elle on exige rien » (*Un chemin sans chemin*, Bayard, 2016). Ta pensée est radicale et vive, comme ton écriture brève, orale et poétique, tendue. Ton œuvre est une magnifique réponse aux crispations, aux oppositions, aux radicalisations identitaires que nous voyons se développer dans la société, la culture et dans l'Église aussi. Risquer le dialogue, disais-tu, c'est affronter l'épreuve décisive qui fera de nous des humains authentiques. Le refuser, c'est aller du côté de l'abomination, qui n'est jamais, hélas, le chemin le plus difficile. « Le Christ, écrivais-tu, est comme le chiffre de ce qui ne nous laissera pas de repos. Lui-même est dans le trouble. » Rappelant ainsi Pascal : « Jésus sera en agonie jusqu'à la fin du monde. Il ne faut pas dormir pendant ce temps-là. » Tu nous laisses ainsi à nos tourments parce que ce sont eux qui pourront nous faire entrevoir la tendresse extrême, qui nous fait si peur finalement, celle d'aimer jusqu'au dessaisissement. Maintenant que tu nous as quittés et que tu as rejoint « l'amour qui meut le soleil et les autres étoiles » (Dante), nous réalisons avec gratitude et nostalgie : tu étais ce prophète.

La France souffre, la France s'inquiète

19 avril 2018

Il arrive qu'un pays, pourtant pas le plus pauvre des pays, loin de là, pourtant pas le plus à plaindre, ce serait indécent, mais il arrive qu'un pays se plaigne. Que non seulement de ce pays montent les plaintes de celles et ceux qui souffrent, qui s'inquiètent, mais que nous ayons également, individuellement et collectivement, à entendre la plainte muette des vies anonymes, des vies indignes, les difficultés des vies essoufflées, des vies précaires. Que nous ayons à écouter les doléances non écrites, non répertoriées de tous ceux dont les existences et les territoires sont à l'abandon. Ne pas entendre ces plaintes et ces inquiétudes, ne pas y répondre très simplement, au plus proche des déchirures sociales, morales, spirituelles, c'est faire courir un risque énorme à tout le pays, pas le pire des pays, pas le plus malchanceux des pays, certes. Mais précisément parce que ce pays n'est pas le plus pauvre, parce que ce pays n'est pas le plus mal loti, loin s'en faut, ne pas y répondre est une faute. Il y a d'abord la misère. Elle frappe dans notre pays plus de 9 millions de personnes (c'est le chiffre du très officiel Conseil national de lutte contre la pauvreté et l'exclusion sociale). Ce qui signifie très matériellement renoncer à se soigner, à se nourrir, à se vêtir correctement, à se loger décemment, renoncer à travailler, c'est-à-dire renoncer à vivre dignement. Il ne sert à rien de compter sur une quelconque cohésion nationale, sur un quelconque sentiment d'appartenance républicaine, si on ne répond pas à l'urgence de la situation dramatique de près de 10 % de notre population. Je me permets de rappeler ces paroles si fortes de Charles Péguy, il y a déjà plus d'un siècle : « Arracher les miséreux à la misère est un devoir social antérieur, antécédent ; aussi longtemps que les miséreux ne sont pas retirés de la misère, les problèmes de la cité ne se posent pas ; retirer de la misère les miséreux, sans aucune exception, constitue le devoir social avant l'accomplissement duquel on ne peut même pas examiner quel est le premier devoir social. » C'est-à-dire qu'avant toute prétention républicaine, avant toute exigence citoyenne, économique et sociale, nous avons le devoir de répondre au dénuement qui frappe tant de personnes, tant de familles. Et ceux-là, les *miséreux*, comme dit Péguy, les mal-logés, les sans-abris, les expulsés, les sans-droits, les migrants et les sans-papiers, nous leur devons non seulement assistance mais nous leur devons aussi le respect. Ils vivent chaque journée, chaque heure comme une déchirure, comme une difficulté. Ils vivent chaque jour dans la solitude et l'angoisse de la rotation de la Terre, le passage du jour à la nuit. Ils affrontent chaque jour la question de boire et manger, de se déplacer, de se laver, de dormir et de tenir quelques heures, quelques jours de plus parmi nous qui ne les entendons pas. Ils affrontent le monde chaque journée, chaque nuit, ils ne le rêvent pas, ancien ou nouveau. Ils ne le contestent même pas. Ils le souffrent. Il y a donc cette plainte silencieuse de tous ceux dont les conditions de vie rendent inaudibles, invisibles leurs simples doléances pour une vie digne d'être vécue. Et il y a aussi le désarroi et l'inquiétude, le sentiment d'incompréhension de millions de personnes dont on exige, je le crois, souvent trop de compréhension, trop de dévouement, trop de sollicitude. On leur parle de mobilité, d'adaptation quand souvent les situations qu'ils vivent, dans des quartiers démunis, des territoires précarisés, rendent douloureux voire impossible tout mouvement, toute adaptation. Autre exemple, 50 % des étudiants dans notre pays sont confrontés à de sérieuses difficultés financières. Comment prétendre pouvoir réformer notre système universitaire dans l'efficacité et la justice sans se préoccuper d'abord de la précarité des étudiants ? Ou encore, le dernier rapport de l'Observatoire des inégalités a montré que l'écart entre les plus riches et les plus pauvres s'est creusé en dix ans. Comment justifier les efforts demandés si on ne peut montrer que les inégalités se réduisent ? C'est à ce bord qu'une grande partie de notre pays est suspendue, à cette limite qui craque que notre pays est parvenu, et en deçà de laquelle la vie économique comme la vie sociale risque souvent de ne plus être assurée. Je ne sais pas si le lien entre mon Église, l'Église catholique, et l'État s'est abîmé, selon les mots récents du président de la République, mais je sais que le lien entre les plus pauvres et les plus riches, entre les plus aisés et les plus en difficulté, ce lien-là est sérieusement abîmé dans notre pays qui, je le répète, n'est pas le pays le plus à plaindre — ce qui rend d'autant plus obscènes nos atermoiements. Et ma foi chrétienne me rappelle d'abord à l'exigence infinie de ce lien-là, au devoir spirituel d'écouter et de répondre à la plainte de l'autre quel qu'il soit, et à son inquiétude.

L’esprit d’une chronique

26 avril 2018

Ma chronique du 19 avril dernier sur la pauvreté en France m’a valu quelques réactions sévères, certainement justifiées. Neuf millions de pauvres serait un chiffre exagéré ou discutable selon les critères économiques et sociaux retenus. Je ferais preuve d’une attitude moralisatrice voire déprimante, et d’un apitoiement stérile. Enfin, citer Charles Péguy serait un anachronisme, on ne saurait comparer notre situation avec la misère à son époque. Disons, dans un premier temps, que réduire Charles Péguy à une sociologie de la misère, c’est un peu court et injuste. Je voulais par cette citation attirer notre attention sur le fait que la question de la misère et de la précarité sociale dans notre pays ne relevait pas d’un seul problème économique mais qu'il y avait en quelque sorte une question politique majeure, citoyenne, qui précède toute question sociale. C'est dans ce sens qu'écrit Péguy : « retirer de la misère les miséreux, sans aucune exception, constitue le devoir social avant l'accomplissement duquel on ne peut même pas examiner quel est le premier devoir social ». Mes amis, il n'y aurait « qu'un ou deux » millions de pauvres dans notre pays, cela ne changerait rien au regard de notre devoir ! Et ce n'est pas être moralisateur que de rappeler cela, c'est au contraire bousculer nos petites morales bienséantes, nos accommodements confortables, voire nos simplifications rationnelles… C'est le devoir d'un écrivain comme Péguy. Qui ne vaut, certes, pas mieux que le devoir d'un autre mais qui peut aider à réveiller nos consciences. Je reçois toute critique avec plaisir. Nous ne sommes pas toujours d'accord, et c'est bien. La discussion est le sel de la démocratie. Et si mes quelques mots permettent de nourrir ce débat utile sur la pauvreté dans notre pays, je suis preneur ! Mon propos n'était ni moralisateur ni apitoyé mais s'inquiétait d'un pays qui, par de nombreux signes, montre qu'il n'est pas suffisamment à l'écoute, ni des difficultés réelles de beaucoup de ses enfants, ni de ses inégalités. Est-ce trop et ridicule ? Est-ce inutile ? Être attentif aux déchirures, aux écarts, aux précarités, me semble être pourtant une priorité citoyenne. Comme avoir le souci de recoudre, de reprendre le lien social qui se délite. Je ne veux pas entrer dans une guerre des chiffres, c'est dérisoire. Le chiffre de 9 millions recouvre des situations disparates, plus ou moins dramatiques, mais il illustre par là même la multiplicité des problèmes. La France compte ce jour 2,3 millions de personnes vivant avec moins de 672 € par mois, et près de 2 millions de bénéficiaires de l'aide alimentaire. C'est déjà trop. Chaque année, de nombreuses associations nous alertent sur les graves difficultés d'existence, pour ne pas dire plus, de millions de personnes dans notre pays. Tout récemment, Étienne Pinte qui dirige le Conseil national des politiques de lutte contre la pauvreté et l'exclusion sociale lançait dans une tribune autrement plus pressante et directe que ma chronique, et dans un autre célèbre quotidien français : « Au secours, Monsieur Macron, la pauvreté ne peut plus attendre. » Ministre de Pierre Messmer, ancien maire de Versailles et ancien député des Yvelines, de centre droit, Étienne Pinte n'est guère soupçonnable d'exagération ou d'apitoiement déraisonnable… Or mon propos était à la fois plus modeste et plus radical. Car si je vous disais ce que j'ai sur le cœur, j'affirmerais que je ne vois pas pour moi de différence spirituelle entre 1, 5 ou 10 millions de pauvres. C'était finalement l'esprit de ma chronique. Si je suis chrétien, si je tente de répondre à l'appel de l'Évangile, je ne me satisfais pas de la situation de dénuement, de précarité de millions de personnes, autour de moi, dans mon pays. Tout ce que je peux faire ici, c'est de rappeler cette exigence spirituelle devant la réalité. Parce que le politique et l'économique n'épuisent pas notre rapport et notre responsabilité envers la réalité que nous vivons. Ce qui est spirituel n'est pas hors sol ni dégagé de nos contradictions. Au contraire, l'Esprit est ce qui nous retient quand nous voudrions nous échapper, ce qui nous fait voir quand nous préférerions ne pas voir, qui nous fait entendre quand nous préférerions ne pas entendre. Ce qui est spirituel, c'est de ne jamais se satisfaire d'une explication accommodante de la réalité. Ce qui est spirituel, c'est de s'inquiéter des autres jusqu'au dernier. Difficile, certainement. Impossible, sans doute. Mais impossible aussi de ne pas se le rappeler. Je pense que Dieu, s'il existe, est un dieu qui nous demande de porter notre attention, notre souci, aux plus démunis, aux plus pauvres, aux plus petits d'entre nous tous, dans la justice et l'équité. Il ne le fait pas pour nous faire la morale mais parce que notre relation avec lui ne peut s'accomplir sur terre que dans cette inquiétude-là.

Humanité, fantômes et fausse monnaie

3 mai 2018

Certains lecteurs me demandent d'aborder des sujets parfois plus légers, plus souriants. Eh bien, je les prends au mot aujourd'hui… mais à ma façon. Il arrive que des sujets graves soient le théâtre d'événements comiques. Ou que l'application zélée que mettra une personne mal intentionnée à accomplir son forfait se retourne contre elle et provoque le rire. Il y a ces escrocs à la petite semaine, comme ces trois petits voyous étourdis qui, récemment, après avoir cambriolé une banque, prennent la fuite dans la précipitation. Affolés par leur propre témérité, ils en oublient que leur complice les attendait dans une voiture derrière le bâtiment. Il leur a bien fallu courir le cœur battant quelques centaines de mètres, ne pensant qu'à se mettre le plus rapidement possible à l'abri, pour reprendre leurs esprits, se souvenir qu'un véhicule les attendait et faire alors demi-tour pour récupérer leur camarade… et se retrouver nez à nez avec les forces de l'ordre ! C'est un petit monde d'enfance dans lequel les méchants font sourire en échouant de façon burlesque dans la réalisation de projets plus ou moins licites. C'était, dans ma propre enfance, le monde des *Pieds nickelés*, ou celui des premiers films de Charlot. La morale sociale était sauve (ou à peu près) mais au prix de délicieux et désopilants retournements de situation. Le crime était bien innocent, ou est-ce, de façon plus troublante, que l'intention criminelle contenait malgré elle, en quelque sorte, une part de grâce que le rire parvenait à révéler ? Je vois les choses comme ça. Il y a toujours un fantôme bienveillant qui rôde, un peu perdu, dans le monde louche de la mauvaise action. Il suffit de savoir le repérer. Le noir n'est jamais si noir. On tâtonne. Les vivants portent tous le même imperméable gris, jeté sur une âme défaillante. D'ailleurs, je n'ai jamais cru autrement aux fantômes que comme de drôles de présences embarrassées et qui, à trop vouloir s'effacer avec une extrême politesse devant les vivants, finissent par provoquer d'invraisemblables catastrophes. Si le parquet grince sous leurs pas, et s'ils renversent les tables en passant, que peuvent-ils faire ? Ou encore, comme le rappelait mon maître, le bibliste Paul Beauchamp, rire par exemple de la chute de quelqu'un ou plus généralement du malheur d'autrui, ce n'est certes pas très charitable, mais le rire traverse notre finitude, conjure notre propre peur d'échouer, et nous rapproche ainsi mystérieusement de notre naissance et de notre mort. De notre maladresse et du ridicule comme signes d'humanité. Voilà qui revient en gros à supposer que l'on peut affronter le mal ou la violence à travers ce qu'ils peuvent exprimer de ridicule, de maladroit, et ainsi sauver l'humanité perdue sur des chemins parallèles, des routes obscures. Un de mes vieux oncles que j'adorais autant que je le redoutais, buveur de whisky, fumeur de havanes, et capable de s'emporter dans des colères phénoménales contre quiconque s'opposait vaguement à lui, concluait toujours ses frasques effrayantes d'un grand éclat de rire, et par cette phrase : « On s'est fait trop de mal pour que ça ne finisse pas bien ! » Il y a quelques semaines, en lisant l'excellent *Paris Normandie*, je suis tombé par hasard sur cette histoire touchante. Samantha, une jeune femme originaire du Havre, âgée de 27 ans, pour sortir de ses difficultés économiques, fabriquait elle-même à la maison ses billets falsifiés de 5, 10 et 20 €, à l'aide d'une vieille imprimante aux performances limitées. Elle imprimait ses falsifications sur du papier au format A4 ordinaire qu'elle découpait. On ne peut pas dire que personne n'y a vu que du feu, l'apprentie faussaire a vite été confondue par des commerçants, eux-mêmes incrédules tant la ficelle était grosse. Cette histoire nous fait sourire parce que la malveillance et l'escroquerie s'accompagnent d'une réalisation calamiteuse témoignant d'une naïve maladresse, et sans doute d'une humanité blessée. Le sourire n'interdit pas la compassion. Soudain, une action répréhensible trahit l'héroïsme risible d'une vie invisible, anonyme. Mais qui sait, aujourd'hui, ce que peut être la solitude d'une vie ? Cette fausse monnaie qui ne trompe personne, fabriquée avec trois fois rien, découpée aux ciseaux, c'est l'aveu émouvant du ridicule qui trahit les misérables expédients par lesquels doit parfois passer une vie humaine pour exister, tout simplement. On rit pour taire la légère nausée qui peut nous prendre face à la manière dont vit l'humanité aujourd'hui. Oh pardon, je sens que je deviens moins drôle. Samantha n'a été condamnée qu'à une peine de prison avec sursis — deux petits mois. Il faut dire qu'elle devait accoucher dans les semaines qui ont suivi son jugement. Voilà, c'était un minuscule mélodrame plein d'une ironie embarrassante. Ah fantômes ! Ah humanité !

L'étoile d'un père

17 mai 2018

Il y avait une excitation dans l'air, la vibration d'une vie vraiment joyeuse, et qui ne sait plus rien de la déception et des chagrins. Au printemps, un matin neuf dans une forêt autour de la ville. J'ai suivi au hasard un petit chemin de sable qui s'enfonçait dans les sous-bois d'un vert intense. Je venais de laisser ma fille au club équestre où elle aime se rendre. J'avais deux heures à tuer. Nous sommes souvent seuls tous les deux, ma fille et moi, depuis la disparition de sa mère. Oh mes amis, la vie m'apparaît aujourd'hui dans toute sa solitude sauvage. Et dans l'éclat du printemps, dans la forêt de ce matin-là, je prête alors à la vie l'apparence secrète d'un fauve à l'affût, capable d'un bond de vous dévorer ou de ravir ce que vous avez de plus cher. Mais quelle beauté qu'un fauve ! Je sais que je dois rester sur sa trace. La vie violente est aussi la vie qui renaît, qui court dans les jeunes fougères d'un matin, et vous fait entrevoir enfin l'issue d'un printemps. Je dois rester en contact, même éphémère, avec toutes les choses, tous les êtres vivants qui croisent mon chemin dans la forêt de l'existence. Et croire à toutes celles et ceux qui ne croisent pas mon chemin. Tenter de maîtriser ma propre vanité. Et, comme le chantait le chœur de l'*Agamemnon* d'Eschyle : « Attendre que le souvenir douloureux de la douleur s'écoule du cœur. » Et c'est ce que j'ai perçu, ce matin-là, sous le regard invisible d'un fauve. Tout passe. La souffrance s'évapore lentement laissant comme des traces de buée sur la transparence de nos vies si fragiles, prêtes à se briser. Demeure ce que deux personnes doivent inventer ensemble quand elles sont unies par le sang et l'existence, et quand l'une est censée montrer le chemin à l'autre. Dans la forêt, sous le regard invisible d'un fauve. Un père et sa fille. Le sentiment de ce lien et de cette responsabilité institue la vie humaine. Pour dominer la peur et la violence, le désespoir aussi. Être père ? C'est aussi sentir en marchant sur les chemins souvent obscurs de l'existence que l'on doit cette vie-là, dans toute sa précarité, à sa propre fille, à l'être que l'on est censé protéger et accompagner. C'est aussi accepter de comprendre qu'on ne fera pas tout le chemin à la place de sa fille, que la vie veille férocement aussi sur elle. Et accepter d'être soi-même guidé par le désir neuf, l'appétit enfantin de la vie. On dit souvent en psychanalyse que le père est celui précisément qui brille par son absence, et qui par là même s'avère d'autant plus nécessaire. Soudain je ne le crois plus. Être père c'est être présent au cœur de la fragilité du monde, montrer que l'on peut s'avancer dans le noir sous la seule étoile carnassière de la vie fauve. Et qu'on y est bien présent. Un père hidalgo qui affronte les dragons très ordinaires de l'existence. Hidalgo, forme contractée de *hijo de algo*, en espagnol, « fils de quelque chose », c'est-à-dire : « Il (ou elle) a de qui tenir. » Simple définition de ce qui nous lie : avoir de qui tenir. Et je pense alors que c'est réciproque. Je tiens de mes enfants autant qu'ils tiennent de moi, pour une part. Et nous tenons ainsi debout sous le regard du monde vivant. Être père c'est ne pas simplement donner des leçons de savoir-vivre ni chercher à compenser avec son enfant ce que la vie ne nous a pas donné à nous, par exemple, ou ce que l'on croit n'avoir pas reçu, et ne pas transmettre nos peurs et nos angoisses. La filiation se construit ainsi, sans se réduire à la trace génétique, mais en confiant à l'autre qui « tient de nous » cette puissance de « naître à ce qui le dépasse, lui et ses parents », selon l'expression du juriste et historien Pierre Legendre. Alors, en levant les yeux vers le ciel au-dessus de nos forêts, on pourra distinguer de très lointaines étoiles, situées à l'autre bout de notre univers, et dont la lumière a mis des milliards d'années à nous parvenir. Comme l'étoile bleue Icare qui vient d'être identifiée grâce aux images du télescope spatial Hubble. L'étoile individuelle la plus distante jamais observée à ce jour : sa lumière a pris neuf milliards d'années pour être visible sur terre. Comment cette étoile a-t-elle pu être identifiée ? Un mirage à l'échelle de l'univers. C'est grâce à sa brillance inhabituelle causée par un phénomène d'amplification, appelé « effet de lentille gravitationnelle », un effet d'optique provoqué par l'amas de galaxies massif situé sur la ligne de visée entre le télescope et l'étoile. Et pour finir, nous sommes, minuscules entre les arbres et les fleurs du printemps, les enfants d'une telle lumière et de son mirage bleu.

Notre chant du monde

24 mai 2018

On me pose souvent la question : pourquoi écrivez-vous ? Drôle de question en vérité qui, chaque fois, réveille en moi un sentiment de vanité voire d'illégitimité. À quoi peut bien servir d'écrire aujourd'hui ? Que peut la littérature, et quelle place, quelle fonction lui seraient réservées et reconnues ? On pourrait s'en sortir en répondant qu'il n'y a pas à répondre à une telle question. La littérature n'a pas en soi de fonction, et c'est peut-être tout à la fois sa grandeur et sa détresse dans notre monde. Un acte gratuit finalement — ce qui n'est pas non plus sans valeur dans une civilisation dominée par le culte de l'évaluation et de la performance des êtres et des machines. Mais la lettre (en latin *littera*, ce qui s'écrit, se trace) avait bel et bien une raison et une utilité autrefois. Au moins celle de faire mémoire, de faire trace précisément. Que l'on eût à recenser des troupeaux, des armées, des biens ou à rappeler des victoires, des territoires. Et garder le souvenir de personnages remarquables, d'histoires fondatrices. Dans l'Antiquité, la lettre n'allait jamais non plus sans la voix, sans le *carmen*, chant et envoûtement à la fois. Les arts oratoires se développant, déclamation et récitation étaient au cœur de l'enseignement et de la vie publique. Ce qui était écrit se faisait entendre sur différentes scènes. On garde, par exemple, le témoignage de la *recitatio* de Virgile en personne, quand il faisait la lecture de ses *Géorgiques*. On rapporte, dans l'Antiquité, que le grand poète lisait « avec une douceur et une séduction absolument étonnantes ». Et je garde une profonde nostalgie de ces civilisations pour lesquelles si littérature il y avait, son rôle était de s'incarner dans la lecture partagée, et d'inventer ainsi un monde commun, de faire tenir le monde dans lequel nous vivons ensemble. La seule façon de faire monde était de raconter une histoire, d'être capable de dire un poème, un chant. Nommer le monde, c'était le vivre et le connaître. Nommer les plantes, les animaux, les étoiles, les reliefs de la terre, les événements et les sentiments… Il m'arrive ainsi, régulièrement, de relire l'actualité dans un poème personnel et bricolé dans la solitude, qui pourrait renouer avec ce sentiment ancien d'avoir à vivre la beauté du monde en l'écrivant pour la faire exister, et devenir riche de cette prédication, de cette bénédiction, littéralement, du monde. La poésie commence avec simplicité par dire le bien des choses et des actions. Dire les choses telles qu'elles nous sont rapportées ou telles qu'elles nous apparaissent et viennent nous toucher. Ne se soucier ni de leur logique ni de l'ordre. Mais entamer une récitation qui consisterait à dire les événements, les détails, les inventions, les sentiments, les manifestations dont la succession et l'accumulation font le monde autour de nous. Mes amis, ces derniers jours, j'ai ainsi récité à voix basse, dans le silence de mon bureau : La Nasa prévoit d'envoyer un micro-hélicoptère sur la planète Mars. Vingt manchots empereurs ont battu le record de plongée en apnée de l'espèce, à l'est de la mer de Ross qui jouxte le continent Antarctique. Deux chercheurs japonais, Yoshiyuki Suimon et Daichi Isami, ont mis au point un algorithme capable de reconnaître au moins huit émotions sur le visage d'un homme et de prédire ses déclarations en analysant les infimes variations de ses expressions faciales. L'Amazonie péruvienne a perdu 1,97 million d'hectares de surface en quinze ans, soit plus de 123 000 hectares chaque année. Plus de 3 000 migrants sont morts l'année dernière en tentant de passer en Europe via l'une des trois principales routes de la Méditerranée. On vient de constater que les hirondelles et les cigognes ne migrent plus toutes jusqu'en Afrique pour trouver de la chaleur. Elles s'arrêtent dans le sud de l'Europe et notamment au Portugal où le phénomène est flagrant. C'est un minuscule fragment aujourd'hui de notre *carmen mundi*. Notre pâle chant du monde qui reste à écrire et à dire. Écrire ? Oui, quand le monde nous submerge, quand les événements nous appellent, quand le drame de notre actualité tient dans un détail obscur ou une petite nouvelle absurde, quand la beauté d'un être, d'une chose accroît notre sensibilité… Un vieil Indien[1] de Pueblo Acoma, village situé à 96 km à l'ouest d'Albuquerque au Nouveau-Mexique habité depuis le XIIe siècle par les Amérindiens, racontait que leurs enfants ne survivraient pas s'ils ne leur racontaient pas quelque chose sur eux-mêmes, sur le monde dans lequel ils vivent. Nous survivrons avec les mots que nous serons capables d'inscrire pour dire et faire le monde autour de nous.

1. À lire absolument, si ce n'est déjà fait, *Partition rouge*, une anthologie des poèmes et des chants des Indiens d'Amérique du Nord, traduits et présentés par les deux merveilleux écrivains que sont Florence Delay et Jacques Roubaud, Points Seuil.

La violence nous fait glisser dans la nuit

31 mai 2018

Ce fut mon premier massacre. Le premier dont je pris conscience. J'avais 9 ans. Je me souviens de l'année, 1970. Nous venions, enfin, d'acheter un poste de télévision. Ce jour-là, le 4 mai 1970, je rentrais chez moi de l'école, dans les faubourgs de Toulouse, réclamant de goûter ou jouant avec quelques camarades, et de l'autre côté de l'Atlantique, la Garde nationale de l'Ohio aux États-Unis avaient tiré à soixante-sept reprises en treize secondes sur des étudiants de l'université d'État de Kent, qui manifestaient de manière pacifique. Quatre d'entre eux furent tués, et neuf blessés (dont un paralysé à vie). La plupart de ces étudiants manifestaient contre l'intervention américaine au Cambodge, annoncée par le président Nixon le 30 avril. Certains étudiants ne faisaient que passer. Je m'en souviens parce que j'avais pu ce soir-là, et de façon exceptionnelle, voir le journal télévisé avec mon père, lui-même vétéran de la guerre d'Indochine. Devant l'effroi que je devais exprimer, il m'a dit simplement : « Ne regarde pas ça. » Et à ma question muette, il a répondu : « C'est une tuerie, un massacre. C'est impossible à expliquer comme ça. » Je ne peux faire ici, mes amis, le récit du silence de mon père devant la guerre, la tuerie, le récit du silence de tout son corps, ce serait formuler, dans la chair même de notre petite famille, au cœur de l'histoire des années 1960, un certain acte d'accusation de notre histoire commune qui n'en finit pas de s'écrire dans le sang et la destruction d'autrui. Ce souvenir me revient de façon obsédante, ces dernières années, devant les images répétées des massacres en Syrie, depuis l'écrasement des révoltes pacifiques du « printemps arabe », et encore récemment devant les soixante morts palestiniens, dont des enfants de 6 à 16 ans (déjà oubliés). Pourquoi massacrons-nous ? Pourquoi glissons-nous si rapidement dans l'action mortelle, destructrice ? Et souvent quand nous estimons défendre notre droit, nos valeurs. Pourquoi, à notre tour, glissons-nous dans l'action même qui nous effraie chez l'autre, le meurtrier, le terroriste, le kamikaze ? J'emploie à dessein le verbe glisser parce qu'il renvoie au vocabulaire de la faute dans l'Antiquité. Le latin *lubricum* désignait un lieu ou un terrain glissant, avant de se spécialiser dans le sens d'un désordre sexuel. Les Pères de l'Église parlaient de « glissement (*lubricum*) dans la faute », capable de nous entraîner corps et âme[1]. Voilà notre péché. Ce déraillement fatal qui, dans le texte biblique, apparaît pour la première fois avec le geste fratricide de Caïn. Et cette image d'une violence inouïe, de la terre ouvrant la bouche pour faire entendre le cri du sang versé et répandu en elle. « Les voix du sang de ton frère crient depuis la terre jusqu'à moi. Maintenant, tu seras maudit de la terre qui a ouvert la bouche pour prendre de ta main le sang de ton frère » (Gn 4,11). Qu'est-ce qui définit un massacre sinon de recourir à la mort plutôt qu'à la parole ? Et c'est pourquoi la Bible emploie cette image si forte de la terre qui « parle » le sang de notre frère que la terre « reprend » de notre main. « La violence porte en elle cette négation échevelée qui met fin à toutes possibilités de discours. » Cette citation du philosophe et écrivain Georges Bataille[2] pointe dans les situations de violences extrêmes notre refus du

1. Comme le rappelle récemment Jean-Louis Chrétien dans un magnifique livre, *Fragilité*, aux éditions de Minuit.
2. *L'Érotisme*, éd. de Minuit, 1957.

langage, de l'échange par la parole. Une fois franchies les fragiles frontières de l'acceptable, du compréhensible, du supportable, celles-là mêmes à l'intérieur desquelles peuvent s'exprimer une explication, un compromis, un accord, nous glissons dans le silence et l'impossible. Alors je demande que vaut notre histoire, que valent nos racines, que vaut notre enracinement sur terre, nos prétendues valeurs, tout ce que nous opposons aux autres, si nous sommes incapables de penser notre vie commune sans échapper à notre pulsion de mort et de destruction ? Devant les questions en apparence insurmontables que nous affrontons, les uns parmi les autres, nous nous brisons comme du verre, notre fragilité explose, et nous nous laissons glisser dans la nuit plutôt que de faire l'effort de parler, de comprendre. C'est-à-dire de suspendre la pulsion. La violence envahit notre monde d'autant plus que nous nous laissons fasciner par son spectacle démultiplié sur les écrans innombrables que nous possédons. Nous désertons le discours, le langage. Nous oublions combien nous sommes tous fragiles, tous susceptibles de basculer. Et pour reprendre une fois encore l'image biblique, nous oublions que nous sommes terrestres, et c'est pourquoi nous sommes condamnés à errer, comme Caïn. Nos massacres nous ont déracinés.

Et que tourne la Terre

14 juin 2018

On peut préférer la lune aux étoiles, et le soleil aux nuages. Ou l'inverse. Mais il est entendu que s'ils n'étaient pas là avec nous, avec la Terre qui tourne, nous ne pourrions pas vouloir que l'un ou l'une soit là. Et comme le remarque justement et littéralement la délicieuse petite Rose de Gertrude Stein[1] : « C'est merveilleux le nombre d'arbres quand ils sont tous là et juste alors tous les arbres étaient tous là. » L'important, finalement, c'est que tous soient là. Arbres, étoiles, chats et abeilles, petites filles et écrivains… Et que ça tourne. Disons

1. La « Petite Bibliothèque » de Rivages vient de publier une nouvelle édition de ce premier livre pour enfants de cette grande dame originale de la littérature américaine, *La Terre est ronde.*

que je suis en train d'écrire un conte. Un beau jour, disons aussi, Rose, comme la célèbre petite fille de Gertrude Stein, Rose se réveille du mauvais pied. Il paraît qu'on en a toujours un, sinon nous ne saurions jamais comme c'est bien d'être juste là, debout sur terre, du bon pied. Car si la Terre tourne, le monde parfois ne tourne pas rond. Le pied vacille. Quelque chose manque. Le cœur se serre. Rose voudrait savoir qui ou quoi devenir. Où aller. Comment faire avec les autres. « Autrefois la Terre était ronde et on pouvait tourner autour et autour » (Gertrude Stein). Tourner autour, ça sert à tenir en équilibre, à faire que les choses paraissent et disparaissent, et ça sert aussi à se poser des questions. Tourne pas toujours autour du pot, dit-on à Rose quand elle ne sait pas quoi faire ni quoi devenir, ni comment tenir debout. Et pourtant, on doit apprendre un jour ou l'autre que c'est important de savoir tourner autour du pot, de tourner comme la Terre tourne. Imaginez un peu si la Terre s'arrêtait de tourner… Et si nous arrêtions de tourner autour de nous et autour des arbres, et autour des autres. Les personnes ou les animaux, les plantes, les monstres, les choses bizarres, utiles ou inutiles, tout ce que nous aimons et tout ce qui nous fait peur aussi, un peu, beaucoup, ou pas du tout, on sait bien en se réveillant le matin que tout n'a pas pu disparaître d'un coup même si tout n'est jamais tout à fait identique ! On a fait un tour de plus. Dans l'expression « Trois petits tours et puis s'en vont », j'ai toujours pensé que le plus important, le plus excitant, le plus inoubliable, c'était d'avoir fait « trois petits tours ». Juste « trois petits tours » parce qu'il s'en passe des choses en trois petits tours. Et encore ? se demande Rose. Avant la lumière du jour, il y a cette lumière pas tout à fait lumière et cette nuit plus tout à fait nuit. On l'appelle aurore. C'est une lumière qui ne dure pas longtemps et dans laquelle les choses apparaissent sans être entièrement ce qu'elles sont. « L'aurore est guide », disait une philosophe espagnole que j'aime beaucoup, Maria Zambrano. Parce ce qu'un guide nous entraîne toujours à l'apparition de quelque chose. D'ailleurs, tous les guides devraient avoir la noblesse ou la politesse de disparaître une fois que la chose est là sous nos yeux. Tout le monde a vécu l'expérience d'une visite guidée qui n'en finissait plus parce que le guide ne voulait pas disparaître. Rose sait bien que les choses utiles et agréables comme les personnes aimées doivent, pour être ce qu'elles sont vraiment, ne pas l'être tout à fait pour commencer. Et pour être découvertes ! Pour aimer et être aimé, pour servir à quelqu'un ou à quelque chose, comme pour servir à soi, il faut d'abord explorer. C'est-à-dire tourner en rond. Accepter de ne pas être la seule ou le seul. Accepter de ne pas tout savoir, de ne pas être tout à fait ce qu'on aimerait tant devenir. D'ailleurs, on n'est jamais bien sûr de savoir qui ou quoi devenir. Dans ce « pas être tout à fait » grandissent les plus belles personnes. Les plus justes parce qu'un jour elles comprennent qu'il suffit pour être juste d'être juste là. Tout juste. Comme au bord d'une petite falaise quand on se penche un peu mais pas trop pour voir l'immense plaine ou l'océan profond. On se fixe une limite tout en faisant un petit pas de plus. Juste un pas qui nous déséquilibre un peu, mais juste ce qu'il faut pour ne pas tomber. Alors oui, le monde ne tourne pas rond. Mais il tourne. C'est comme apprendre à danser, pour se lancer il faut accepter de ne pas toujours tenir droit. Et aucun danseur n'est à la danse exactement ce que la danse attendait du danseur. Il faudra des milliards et des milliards de danseurs pour que la danse, petit à petit, devienne la danse. Il faut des milliards de petites Rose pour que la Terre tourne. Des milliards de petites Rose, parfois le cœur serré, qui trébuchent et se relèvent. Et acceptent juste de danser. Juste ça. Pour aimer danser juste.

La cicatrice de l'exaucement

21 juin 2018

Tout récemment, sur une terrasse en fin de journée, une amie m'interroge sur l'expérience de Dieu. Comment en parler ? Comment savoir faire les gestes et dire les paroles qu'il faudrait pour communiquer avec lui, faire l'expérience de sa présence ? Une immense question pour une petite terrasse sur les toits de Paris. Je dois avouer que je n'ai pas su lui répondre sur le moment. J'aurais aimé lui dire que c'était la question qui traverse toute la Bible. Notamment les Prophètes et les Psaumes. Et que c'est une question pour laquelle il n'y a pas de réponse mais seulement des histoires à raconter, à éprouver littéralement. Et qu'une des expériences de prière les plus intenses qu'il m'ait été donné de traverser, ce fut la lecture et la méditation des Psaumes. « Je l'ai cherché et il m'a répondu, dit le psalmiste (Ps 34,5). Il m'a délivré de ma terreur. » Mais la réponse, dans le psaume, nous ne l'entendons jamais directement. Nous éprouvons, à la lecture, que la réponse a eu lieu, dans le passage de la supplication à la louange et à l'action de grâce. Nous avons été exaucés (littéralement, nous avons été entendus, *exaudire* en latin). Mais que s'est-il passé ? Que s'est-il dit de décisif et de libérateur ? La réponse reste à jamais silencieuse. Et forme dans le texte de la prière comme une cicatrice heureuse. Je dis *cicatrice* parce que le passage a été rude. Il s'est agi de « sortir de la terreur ». Ce n'est pas rien. Et l'événement de la réponse est absent à jamais de ma prière. Mais j'en garde la trace, le souvenir paradoxal. Je me demande même si l'expérience de Dieu n'est pas un peu similaire à l'expérience de l'oubli dans la mémoire, telle que la décrit de façon prodigieuse Augustin au livre X de ses *Confessions*. « La mémoire retient donc l'oubli. Nous n'oublions pas sa présence, mais s'il est présent nous oublions. » Sans ce souvenir de la réponse de Dieu à notre appel, comme la blessure qui nous a fait passer de l'épreuve à la reconnaissance, nous ne pourrions jamais reconnaître ce que le mot Dieu peut signifier pour nous quand nous le nommons, de vive voix ou dans l'intimité. Mais si nous voulons qu'il soit présent, si nous attendons de le voir, de l'entendre, de le sentir, nous vacillons, nous nous interrogeons, nous perdons toute assurance. Pourtant, le psaume affirme : « À ceux qui tremblent vers lui il ne manque rien, ceux qui cherchent Yhwh ne manquent de rien » (Ps 34,10-11). Ce n'est pas s'assurer de la réponse qui nous guide à lui. Mais c'est trembler et chercher. Qui n'a jamais éprouvé ce sentiment ? L'existence parfois est comme une vieille maison où rien ni personne ne vient plus crier victoire. Et nous sommes autant de locataires de cette maison vide qui attendent que vienne celui que nous appelons sans être bien certains de vouloir le reconnaître pour ce qu'il est : la parole qui appelle. Voilà le paradoxe qui peut nous éveiller. Nous l'appelons mais Lui nous appelle. Nous l'appelons sans entendre qu'Il nous appelle. Tous les prophètes sans exception dénoncent cette situation dans laquelle nous errons. Si l'on me demandait aujourd'hui de décrire l'expérience que nous sommes appelés à vivre en lisant l'Évangile, par exemple, je formulerais ainsi simplement les choses : répondre à l'appel. Mais à quelle situation nous confronte l'Évangile comme appel ? Nous sommes appelés à la vie de telle façon qu'en même temps nous n'y répondons pas. Pour me faire comprendre, je dirais qu'il y a tant de mensonges que l'on fait pour se débarrasser de gens importuns, d'une nouvelle inattendue, d'une chose à faire cent fois reportée, d'un souvenir embarrassant, d'un trauma… Tant de rendez-vous auxquels nous n'allons pas et ne répondons pas. Cette façon que nous avons dans la vie de ne pas répondre qui, sans doute, interroge notre responsabilité envers le monde et les autres, qui s'exprime dans l'appel qui nous est adressé. L'Évangile nous demandera de reconnaître Jésus *christ*, c'est-à-dire messie, celui que l'on appelle depuis les commencements, mais de ne pas le retenir, de ne pas l'accaparer et d'accepter dans la confiance son adieu. Il nous appelle à Lui pour nous laisser répondre au monde. L'acte créateur lui-même se fait en appelant (*qara* en hébreu) les étants du monde. Répondre à l'appel, c'est rejoindre l'appel de la Création comme expérience du monde. Reconnaître que nous sommes appelés à participer à l'appel du monde. J'y vois même la signification politique et spirituelle de Genèse 1, dans ces moments où la présence de Dieu en nous a pour condition un secret si profond : nous avons en nous le langage, les mots pour appeler le monde comme première fois, pour nommer le monde comme expérience. Les mots que nous cherchions en vain, les gestes que nous voulions accomplir sans y parvenir, nous les avions sous la main, pour ainsi dire. Où nous en sommes de notre voyage, de notre fugitive présence au monde et à la vie, nous n'avons pas d'autre prière à adresser à Dieu que celle du monde et de notre vie au monde parmi les autres.

Un ange se noie

28 juin 2018

Alors que les migrations estivales auront commencé, que certains d'entre nous traverseront pour leur plaisir et souvent en couple, en famille, entre amis, les airs, les mers, les continents, d'autres paieront leur voyage de leur vie. Alors que nous accosterons de beaux pays accueillants, eux feront silencieusement naufrage avec familles, femmes, enfants. À leur dernière espérance de survie, nous aurons fermé nos portes. Alors que nous nous serons apprêtés à prendre un repos que nous penserons mérité et réparateur, eux fuiront dans l'épuisement les guerres que nous avons embrasées, la misère que le plus souvent nous ne voulons pas voir, et à laquelle nous ne voulons pas répondre. Mes amis, vous le savez, des ports européens refusent de recevoir des bateaux humanitaires qui ont porté secours aux migrants en perdition. Et comble d'hypocrisie, chacun d'entre nous accuse l'autre de cynisme et d'inhumanité. Et nous détournons notre attention de celles et ceux qui en ont aujourd'hui le plus besoin. Ils agonisent au bout de leur voyage sans retour. Nous invoquons le droit et la prudence, voire une certaine fatalité angoissée, toujours la même, pourquoi nous ? Que faire ? Comment faire ? On ne peut tout de même pas accueillir et venir en aide à tous… Mais le droit et la raison que nous brandissons fébrilement ainsi pour nous disculper, au lieu de venir apaiser les conflits et instaurer un ordre juste, sont ici des principes d'exacerbation de la violence et de l'injustice, non pas seulement vis-à-vis de celles et ceux que nous rejetons mais entre nous ! Comment ne pas sentir la honte nous ronger, nous dévaster ? Notre prétention à l'ordre entre nous (ils viendraient, dit-on, déséquilibrer de si complexes, de si fragiles équilibres entre nous) produira entre nous davantage de désordre, de violence et de mort. Et notre recours à la raison, qui parfois, dit-on doctement, doit sagement s'opposer au cœur, nous précipite intimement dans la tragédie et la honte. Oui, nous finirons par nous entredéchirer si nous ne nous ouvrons pas à ceux qui crient au secours. Cette situation lamentable n'est pas simplement une question politique, une question d'arbitrage, une question d'ordre public, c'est une question éthique. Oui, mes amis, de leur survie dépend notre survie. Et celle de notre âme. Car c'est un drame, littéralement, digne des plus hautes et terrifiantes tragédies humaines, et qui vient interroger notre propre destinée. C'est notre tragédie, intime et collective à la fois. Cette terrible réalité nous excède parce que soudain nous comprenons sans vouloir le comprendre que c'est la nôtre. C'est nous qui devons répondre ou pas, accueillir ou pas, secourir ou pas. Et ce choix nous déchire parce qu'il vient brusquement éclairer le monde confiné et malade sans doute qu'est devenu le nôtre. Il vient réveiller notre ancestrale terreur de la vie. Nous sommes devant eux les malheureux, si vieux, sans imagination, bourrés de peurs et de fantasmes. La vie qui se débat, qui appelle, la vie qui pousse, qui traverse, qui navigue, qui embarque, qui lutte et espère, cette vie-là nous terrorise. Mes amis, eux errent et se noient à nos portes quand notre âme noircit. Bientôt, nous ne pourrons plus nous regarder en face. Hé ho, mes amis, dois-je croire alors que cette terreur de la vie qui se bat et qui espère est le fait de notre impitoyable et mensonger instinct de protection ? Ou ne puis-je pas penser que vaincre cette peur de l'autre en lutte pour sa survie, c'est s'élever à une vie plus haute, plus digne ? C'est à nous de nous battre alors contre nous-mêmes. Pour notre unité, très justement. L'unité de notre grande histoire et de nos valeurs. Mais nous avons chassé de notre Europe les anges comme celui qui révéla Jacob à lui-même. Nous avons fui devant l'épreuve qui nous grandirait, qui ferait de notre Europe une terre de promesse. Arrêtons de parler de nos racines chrétiennes si nous ne sommes pas capables de répondre oui à la vie qui appelle, à l'espérance. La parole chrétienne n'est pas une simple racine mais elle se cache comme une semence. Je suis en colère, mes amis, contre nous-mêmes, contre moi-même. L'accueil des migrants n'est pas une option, c'est une nécessité si nous voulons survivre à nous-mêmes. Ô Père, aie pitié de nous. Nous ne savons plus ce que nous faisons. Ô Fils, aie pitié de nous. Nous ne t'avons pas accueilli. Notre monde s'est fermé à la Parole. Rien, plus rien ne l'assiste, ne l'entend. Silence. Nous partons en vacances. Nous sommes vides et creux. Nous soupirons après le repos quand un ange se noie. Et son appel silencieux se perd dans la nuit de notre lâcheté. Nous avons cessé de nous battre et d'espérer. Prions pour que le Dieu de Jacob vienne réveiller les dormants que nous sommes devenus.

Une parabole de l'été

13 septembre 2018

Déjà l'été s'enfuit. Qu'avons-nous fait, qu'avons-nous traversé de l'été que nous attendions si impatiemment ? Il y a quelques semaines encore nous espérions avec ardeur ce temps meilleur. Nous voulions le soleil. Nous guettions les signes de l'été. Or souvent les signes nous manquent, croyons-nous. Ceux qui conforteraient notre désir, répareraient nos erreurs, combleraient nos manques ou viendraient rassurer nos inquiétudes. Nous finissons par ne plus voir les signes que nous guettons avec impatience et par les confondre eux-mêmes avec l'objet de notre désir. Ce n'est plus l'été que nous attendions mais la seule excitation de notre angoisse, de notre insatisfaction. Il y a une étrange et brève parabole dans l'Évangile, celle dite du figuier, prise dans une série de paroles extrêmement fortes sur l'imminence de la fin des temps et l'attente de la délivrance. Nous sommes à peine quelque temps avant Gethsémani et la Pâque, quand Jésus confiera à ses amis : « Mon âme est pleine de tristesse, à en mourir » (Mc 14,34). Quel est l'objet de notre attente ? Quelle est la signification de notre impatience à découvrir les preuves de ce que nous espérons voir se réaliser ? « Du figuier apprenez la parabole, dès que sa branche devient tendre et que poussent les feuilles vous connaissez que l'été est proche » (Mc 13,28). En réalité, semble dire Jésus, nous avons sous les yeux les signes que nous avons si peur de ne pas voir. Et c'est à se demander si nous ne craignons pas davantage la reconnaissance de notre propre désir. Quelques bourgeons, quelques feuilles nouvelles. Notre été est là en espérance. Mais nous nous inquiétons de savoir, de comprendre… Or la fin ne sera pas celle que nous attendons. Notre souci ne doit pas être la connaissance de ce qui vient, quand et comment, mais d'accueillir ce qui vient. Je préférerais même dire qu'il y a deux sortes de connaissance, l'une qui ne serait que l'impatience de savoir et viendrait pour combler un manque, dissiper un secret ou un mystère, et l'autre qui consisterait à accueillir en nous précisément ce que nous ne connaissons pas, ce que nous attendons mais sans vouloir à tout prix en lever le mystère, en effacer la nécessaire contingence, la part hasardeuse. Quitte à traverser cette « tristesse à en mourir ». Les Écritures ne disent-elles pas aussi, littéralement : « Oui, vous voyez très précisément par vous-mêmes le jour du Seigneur venir comme un voleur dans la nuit » (1 Th 5,2) ? Nous voyons (*eido*, en grec) par nous-mêmes que le sujet de notre attente échappe aux seuls signes visibles et prévisibles. Nous voulons à tout prix vérifier les signes de notre attente alors que nous les avons sous les yeux et que d'une certaine façon nous voyons sans voir. L'image radicale du voleur dans la nuit signifie que nous devons nous attendre à être surpris, à être dérangé, que nous devons accueillir et non pas seulement reconnaître, déchiffrer, prévoir. Oh mes amis, nous devons faire avec ce que nous ne comprenons pas toujours, avec ce qui nous échappe. Et nous devons peut-être apprendre à résister au « tout savoir ». Ce qui ne signifie pas cultiver l'ignorance ou le secret, mais plus authentiquement vivre avec une part d'inconnaissance, sans laquelle nulle quête, nul désir ne serait digne d'intérêt. Souvent notre attente de signes et de significations est telle qu'elle fait obstacle en nous à ce qui vient, à la nouveauté. Comme notre passion inapaisable pour les origines. Il paraîtrait que plus de 8 millions de personnes dans le monde ont déjà testé leur ADN, pour avoir confirmation de leurs origines, interroger un secret de famille, prévoir une maladie… De quel été à jamais disparu sommes-nous faits ? Je me souviens en vous écrivant d'une petite araignée de verre que j'ai brisée, enfant, voulant la déchiffrer et comprendre l'événement ou le drame qui l'avait faite. Je saisis seulement aujourd'hui en vous écrivant que nos vies sont ces petites araignées de verre qui se brisent quand nous voulons les comprendre et juger de quoi elles sont faites. Nos vies ne sont jamais que l'assemblage de ces quelques moments en apparence si fragiles, si intimes, et de ces moments attendus, désirés, où nous comptons et convoquons un par un des phénomènes qui ne sont guère après tout que nos interrogations et nos balbutiements devant ce qui nous arrive ou ce qui nous échappe, et qui fuient avec le temps et le néant des choses comme des êtres, sans l'assurance jamais de conventions pour les soutenir et les exprimer parfaitement. Oui, l'été s'enfuit mais quelque chose s'est passé. Nous n'en avons pas encore nécessairement connaissance. Et nous en guetterons à nouveau les signes. Nous marcherons encore sur les petits débris de verre de nos secrets ou de nos espoirs.

Le souci de la terre

20 septembre 2018

Si vous faites silence, dans la campagne, et si vous écoutez bien, vous risquez d'entendre un son grêle, funèbre, s'élever, vous semble-t-il, des ruches là-bas, sur les contreforts ensoleillés des monts. Le glas des abeilles. Et si vous êtes patients, vous risquez de les apercevoir, petits berceaux rayés d'or, comme le chantait déjà le poète Virgile, « sortir de leurs toits, les corps privés de lumière, et conduire de tristes funérailles » (*Géorgiques*, livre IV). Faisant de la destruction des abeilles la fin de son grand poème, Virgile ne pensait sûrement pas avoir raison deux mille ans plus tard. Je m'efforce de retraduire, depuis quelques années déjà, ce grand poème que sont les *Géorgiques* sur le soin que l'on doit à la terre[1], et je me demande ce que cette inquiétante et persistante nouvelle, la disparition des abeilles, et plus généralement la dégradation de la diversité du vivant sur la terre, nous dit aujourd'hui de notre condition terrestre. Car, curieusement, le poète latin associait dans son œuvre la mort des abeilles à l'histoire d'Orphée et d'Eurydice, faisant du chagrin d'Orphée la cause de la destruction brutale des abeilles. Eurydice échoue à « revenir sur terre », et l'impuissance et la maladresse d'Orphée provoquent la destruction des abeilles. L'extinction des abeilles devrait nous rappeler, à la lecture de Virgile, que nous n'avons plus aujourd'hui d'autre choix que de tenir à la terre, notre seul lieu. Et que nous ne pouvons imaginer la quitter pour y revenir, comme la mythologie longtemps nous y a fait penser. Et comme s'il s'agissait là du signe ultime, pour nous à présent sans mythe ni croyance, de la menace pesant sur le monde vivant et sur notre lien à celui-ci. Habiter nos « royaumes mortels » et en prendre soin (Virgile) ou détruire la terre mais sans songer pouvoir y revenir ou la retrouver. Lecteur contemporain des *Géorgiques*, je comprends que le chant

1. *Le Souci de la terre*, nouvelle traduction des *Géorgiques*, Gallimard, 2019.

de la terre et de la vie sur terre s'oppose à l'étrange nostalgie de ce passage possible entre terre et non-terre. L'immense continent de la mémoire mythologique orchestrait cette pensée de quitter la terre pour les profondeurs mortelles, et d'être autorisés parfois à y revenir. Motif troublant de notre attachement à la terre : le passage vers la mort, jusqu'au lieu obscur, souterrain, de « la vie des morts ». Le dilemme rappelle celui d'Achille aux enfers. Quand Ulysse le croit le plus heureux des hommes, vénéré comme immortel pendant sa vie et maintenant roi parmi les morts, Achille réplique : « J'aimerais mieux, esclave attaché à la terre, servir un homme obscur, sans patrimoine, n'ayant guère de moyens, que de régner sur des morts, qui ne sont plus rien ! » (*Odyssée*, chant XI, 487.) Ce souhait, Virgile avec ses *Géorgiques* le réalise en décrivant les soins et le souci à porter à la terre et à la vie, il privilégie l'espace vivant et cultivable, le territoire où subsister. Virgile oppose la royauté de la terre vivante à l'empire fantasmé des morts, et à la tentation orphique d'un *aller-retour* possible. Nous vivons sur terre, avec la terre, semble nous dire le poète, et nous la quittons, certes, mais nous croire capable d'y revenir est une forme de désertion de notre condition de terrestres. *Nec morti esse locum*, écrit-il : pas d'espace, pas de lieu dans la mort (ou pour la mort). Il n'y a de lieu possible que de la terre et de la vie. À notre exploration vertigineuse de l'univers infini fait écho à présent l'angoissante révélation de ce que nous ne voulions sans doute pas voir : la finitude mortelle de notre terre et de son écosystème. Or sa finitude est sa beauté. Troublante interrogation qui s'adresse aujourd'hui à notre imaginaire chrétien, à notre spiritualité tournée depuis longtemps vers le ciel, le hors-terre. Ne prions-nous pas « Notre Père qui êtes aux cieux » ? Et si nous cherchons à saisir alors le sens de la grande parole religieuse *malkhout shamayin* en hébreu, le royaume des cieux, je reprendrais bien les mots du philosophe Martin Buber disant qu'il s'agissait « peut-être de la plus grande parole désignant le monde non pas par en haut mais par en bas[1] ». *Par en bas*, c'est-à-dire à la mesure de notre propre condition terrestre, et signifiant que dans le monde l'humanité est destinée à devenir une communauté authentique, durable, embrassant tout le vivant, toutes choses, ciel et terre. Chrétiens, impossible d'abandonner la terre sans déchirer ce qui nous lie à notre espérance la plus vive : l'amour du monde manifesté sur terre par

1. Dans un excellent petit recueil préfacé par Dominique Bourel, *Communauté*, éd. de l'Éclat, 2018.

le Christ jusqu'à la mort. Et notre foi en la résurrection pourrait aussi se dire : *pas de lieu dans* (ou *pour) la mort*. Ce que nous appelons résurrection commence ici et là, dans la vie, et le soin infini à porter à tout le vivant. Y compris à nos petites sœurs les abeilles.

« En ce temps-là j'étais en mon adolescence »

27 septembre 2018

Oh mes amis, je vois grandir chaque jour près de moi une jeune fille de 14 ans. *Près de moi*, ai-je bien écrit ? N'est-ce pas plutôt, sinon loin de moi, de côté comme l'on dit d'un pas qui nous écarte insensiblement d'une route innocemment tracée ? Dans ce mystère, celui de son âge, celui du passage de l'enfance à l'adolescence, celui des désirs inconnus, des aspirations encore mal dessinées. Elle s'étire, elle s'absente, rêve en fuyant doucement, se métamorphose, voltige. Me laissant dans le vide entre le moment où elle me lâche du trapèze de notre petite existence commune et celui où je la rattrape encore. Pour combien de temps ? Avant l'envol qui nous fait craindre la chute. Je la sens certains soirs fâchée avec la vie (ou est-ce qu'elle se sent incomprise de la vie même ?) quand, à d'autres moments, elle la dévore du regard vers des horizons neufs et craquants. Le trapèze de la vie est plus large que celui que moi, son père, avais platement imaginé. Et c'est ainsi que l'adolescence nous expose à l'étrangeté familière de la croissance de la vie. Mêlant autant reniement inexpliqué du passé et amour de l'avenir qu'une indéfinissable nostalgie enfantine à la peur du monde qui vient. Je me demande alors avec trouble comment, ayant à peine vécu, ma petite adolescente pourrait déjà connaître le puissant et vertigineux sentiment d'avoir laissé tant de soi derrière elle. Et en même temps faire de je ne sais quelle profonde insatisfaction le moteur de constructions idéales qui semblent tenir leur puissance de leur fragilité, voire de leur absurdité mêmes. Et se heurter à la richesse contradictoire de la vie. Elle-même, ma jeune adolescente, me laissant entrevoir son immense passé bâti de sédimentations de rêves, de désirs inassouvis, de désillusions non formulées, de demandes inconséquentes et si souvent laissées sans réponse… Comment une si jeune vie se peuple d'autant de ruines. C'est la tâche humaine, obscure, celle de danser l'existence, avec toute notre maladresse, par expériences successives et arbitraires mais qui nous font, espérons-le, peu à peu prendre possession du monde et des trésors de notre individualité. Vivre comme danser sur un fil en équilibre fragile entre le monde privé de chacun, notre *privacy*, et le monde des autres, le monde dans sa totalité vibrante, menaçante autant que follement généreuse. L'une des carences de notre époque, me semble-t-il, est celle qui a trait à l'adolescence. Non que nous l'ignorons, elle nous est même proposée abondamment comme modèle et objet de désir, cyniquement, par des images et des discours convenus, souvent mercantiles, voire obscènes. Mais ainsi nous l'avons sciemment vidée de son contenu le plus vif. Nous avons ôté son mystère. C'est précisément cet état fantasmé d'adolescence permanente qui assassine la jeunesse du monde. Mes amis, souvenons-nous que les héros littéraires de l'Europe sont souvent des adolescents. Le jeune Werther ouvre la voie, et Rousseau avec ses confessions, la poésie de Byron ou Shelley, les jeunes héros de Dostoïevski, jusqu'à Joyce et Cocteau… Pour vaincre nos propres absences à la vie, nous avons à repasser par le choc de l'ambivalente innocence de l'enfance contre l'inégale richesse de la réalité à vivre. C'est le trésor actif de l'adolescence. Fuir, s'échapper, se transformer et surtout faire l'expérience qu'il y a bien dans la vie des forces pour un tel désir. L'adolescence étant à la fois l'âge des rêves, des idéaux et de leur décomposition. Mais le bord est mince, la limite flottante entre le moment où la révolte de la vie finit par se transformer en inimitié à l'égard de la vie. Me reviennent également les vers magnifiques de la *Prose du Transsibérien* (1913) de Blaise Cendrars : « En ce temps-là j'étais en mon adolescence /J'avais à peine seize ans et je ne me souvenais déjà plus de ma naissance /J'étais à Moscou, où je voulais me nourrir de flammes / Et je n'avais pas assez des sept gares et des mille et trois tours / Car mon adolescence était alors si ardente et si folle / Que mon cœur, tour à tour, brûlait comme le temple d'Éphèse ou comme la Place Rouge de Moscou / Quand le soleil se couche. / Et mes yeux éclairaient des voies anciennes. » Toute adolescence traverse l'aube comme le crépuscule. Est faite d'oubli radical et de souvenirs fulgurants. Accueillir près de nous l'adolescence, ce n'est pas lui renvoyer une image déformée d'elle-même, que ce soit l'image d'un moment suprême de négativité où nulle action ne semble douée de sens, ou l'image caricaturale de son idéal étendu à tous et à chacun. C'est accepter d'interroger à travers elle notre maturité, de nous laisser déséquilibrer au profit d'une expérience totale de la vie. Aider ma jeune adolescente à ne pas rejoindre la rancœur et la déception qui font aujourd'hui, en Europe, des pas de géant.

Vite, un fou raisonnable pour changer de monde !

4 octobre 2018

Le monde est fou. Sentiment banal que nous sommes nombreux à partager et que la succession de prises de parole souvent vides de nos dirigeants rend plus évident que jamais. Par exemple, répétons au risque de passer soi-même pour un fou qu'aucun dirigeant du monde ne prétend ouvrir inconditionnellement à tous les frontières de son pays… Pourtant, pas un jour ne passe sans que quelque responsable de quelque bord que ce soit nous rappelle doctement à la raison. Récemment encore : comment pourrions-nous accueillir 58 migrants de plus sur notre sol ! Je ne dis pas 158 ou 1 558… Non, 58 femmes et enfants principalement. Les sages de notre Europe décidèrent de répartir alors cette foule innombrable, ces envahisseurs débarqués de l'*Aquarius* sur les côtes de Malte (pas en France, non !) en plusieurs petits lots : ici une dizaine, là-bas une vingtaine, et trois ou quatre ailleurs. Étrangement, j'en étais là de mes considérations sur la sagesse de notre monde devenu fou, quand sur une scène d'un des plus honorables théâtres de France, la Comédie-Française[1] à Paris, j'entends : « Quel type serait assez sage pour jouer le fou… » C'était Viola, jeune femme travestie en homme sous le nom de Césario, amoureuse d'un certain duc d'Illyrie, Orsino, lui-même amoureux d'Olivia, et qui fait de ce drôle de Césario son entremetteur auprès de la belle Olivia… Quel rapport me demanderez-vous ? Quel rapport entre la situation follement sage de notre monde et la pièce de l'Anglais Shakespeare, *La Nuit des rois* ? Celui-ci, mes amis : ce ne sont pas les apparemment plus sages d'entre nous, aujourd'hui comme hier, qui nous sauveront de ce monde devenu fou piloté par des sages, mais plutôt ceux qui sont assez sages pour être vraiment fous et voir le monde comme

1. *La nuit des rois*, de William Shakespeare, traduction d'Olivier Cadiot (P.O.L, 2018), adaptation et mise en scène de Thomas Ostermeier, avec Denis Podalydès.

il est, fou et cruel ! Le théâtre de Shakespeare naît de la scène pour la scène. Shakespeare travaillait avec ses comédiens, utilisait leurs trouvailles pour les intégrer à son texte, jamais figé. Nous avons deux versions, voire trois, du *Roi Lear*, et plusieurs *Hamlet*. Les gags du clown Gobbo, dans *Le Marchand de Venise*, sont bien à l'origine des improvisations de William Kempe, qui créa le rôle. Et c'est précisément parce que le monde est fou et qu'il ne le sait toujours pas que la sagesse du théâtre est alors de le lui rappeler. Dur travail. *La Nuit des rois* est une pièce contemporaine. Tous les personnages sont convoqués à l'épreuve de leur identité, sexuelle comme sociale, à passer le test de la folie et de la raison, de l'amour et du désir, par des travestissements. Qui aime-t-on vraiment quand on aime ? Peut-on être maître de son désir ? Jeux de mots sexuels ou scatologiques sont dans le texte de Shakespeare. Une comédie, certes, mais pour interroger notre pauvre raison politique ou sentimentale par les limites mêmes de la fiction, avec des effets cruels. Interrogatoires, examens… L'intendant Malvolio, « celui qu'on a voulu rendre fou » comme il se désigne lui-même, soumis à une sorte de *torture test*, disparaîtra de la scène, effacé par son humiliation. Le rire et ses machinations exacerbent la violence des rapports sociaux et des sentiments.

« Je veux ma part de cet heureux naufrage », s'exclame Orsino, souverain loufoque et désappointé de ce *nouveau monde.* « Cette improbable fiction » (selon les mots du fou) nous conduit à regarder en face le désastre de nos sociétés. Notre hypocrite sagesse de nantis qui semblent dangereusement préférer les raisonneurs fous à la folle raison d'ouvrir, de bâtir, d'espérer. Alors oui, pour changer le monde, « mieux vaut un fou raisonnable qu'un raisonneur fou ». À bon entendeur…

La fiction au secours du réel

11 octobre 2018

Cette histoire, elle est vraie ou pas ? Ça s'est bien passé comme tu le racontes ? Oh, ces questions, qui ne les a jamais entendues ? Je suis toujours extrêmement embarrassé quand on m'interroge ainsi après la lecture d'un livre. On ne raconte pas forcément pour dire la vérité (dans ce cas, ce ne serait plus tout à fait un récit mais une déposition, un compte rendu), mais on construit une histoire souvent pour approcher la vérité par cet exercice même de fiction, d'invention, ou encore pour contrarier notre désir toujours ambivalent de vérité puisqu'elle semble si régulièrement nous échapper. Si l'homme aime à se représenter en quête de la vérité, il découvre aussi qu'il a toujours eu le désir de quelque invraisemblance, ou d'événements extraordinaires. Et certains jours, il arrive étrangement qu'il soit traversé par la conviction brûlante que sa vie n'aura de valeur que s'il la soumet à cette poursuite imaginaire... Qui n'a pas le souvenir d'avoir croisé telle présence sagement enfermée ou retirée chez elle, dans son jardin ou sa chambre, et de découvrir que depuis longtemps elle avait appareillé, immobile et silencieuse, pour d'inimaginables traversées ? Personne ne pouvait deviner que celui-ci était parti ; il semblait d'ailleurs être bien là, mais il était loin, il s'inventait en racontant des histoires, des naufrages, des abordages... C'est le secret de certaines vies qui nous paraissent familières et qui ont pourtant rejoint d'invraisemblables rivages littéraires, romanesques. Or c'est le secret de toute existence confrontée à l'exigence de vérité. À l'époque de ce qu'il convient d'appeler les *fake news*, il me paraît très important de rétablir les pouvoirs de la fiction, la force d'une histoire dans notre relation au monde. Contre les fausses nouvelles, les informations mensongères, c'est-à-dire contre le mensonge en habits de vérité, il faut opposer la vérité des rêves et des fictions. Mais enfin, à quoi servent les histoires que l'on raconte sinon à nous mettre sur un chemin que soit nous n'osions pas emprunter, soit que nous ignorions ou délaissions ? Une histoire, une vraie comme disent les enfants, n'est pas vraie ou fausse. Elle agit ou n'agit pas. L'horizon, cette fiction, n'existe que d'être constamment repoussé. C'est même sa raison d'être, sa vérité de mensonge : agir comme fiction sur l'élan des existences, le mouvement des voyageurs, des aventuriers… Ce qui est faux dans les *fake news* ce n'est pas le mensonge lui-même mais le fait d'assimiler le réel à la fiction. Alors que toute fiction digne d'humanité en quelque sorte est une fiction qui s'assume comme telle, qui repousse les limites de notre action, qui grandit notre espace, élargit nos frontières. Savez-vous, mes amis, quel est le secours le plus efficace qu'on puisse apporter à un esprit menteur, enfermé dans le déni ? C'est de l'embarrasser avec des merveilles, des histoires extraordinaires. Je ne suis pas loin de penser que c'est peut-être la fonction des récits de miracles dans les Évangiles. Ils trouvent leur place et leur nécessité en déplaçant notre point de vue par le récit de prodiges. Que le prodige en question (guérison, multiplication des pains, changement de l'eau en vin) soit invraisemblable n'est pas la question qui nous est posée et que nous devons nous poser. Mais bien plutôt : que sommes-nous capables de croire ? Quelle est la puissance de notre confiance, jusqu'où peut-elle nous conduire dans l'existence ? Je me souviens de l'histoire de ce rabbi dont le grand-père, en Ukraine, avait été le disciple du Baal Shem Tov, le fondateur du hassidisme (soit Israël ben Éliézer, 1700-1760). Quand on lui demandait de raconter une histoire, il répondait qu'une histoire, il fallait qu'on la raconte de telle sorte qu'elle agisse sur nous et soit un secours en elle-même pour chacun d'entre nous. Tout le monde voulait savoir ce que son grand-père, paralysé, racontait concernant le Baal Shem, ce saint homme. Lui commençait par expliquer comment le Baal Shem, quand il priait, dansait sur place, sautillait. Et devant l'incrédulité de son auditoire, le vieil homme paralysé se mettait alors lui-même très doucement à se redresser, se mettre debout, à danser et sauter. Et à dater de ce jour, et de cette histoire, ajoutait le rabbi, son grand-père fut guéri. Ou disons, chaque fois qu'il racontait cette histoire, il était guéri. Je préfère dire cela comme ça. Je ne sais pas si cette histoire est vraie. Probablement pas. Mais ce qui est vrai, c'est ce qu'elle nous dit du pouvoir vital de raconter. La puissance de la fiction n'est pas de mentir mais de bâtir une histoire là où on pouvait penser qu'il n'y avait rien à entendre, rien à dire. Nous restons paralysés, nous demeurons attachés à notre faiblesse, à notre solitude, mais quelque chose se produit, une lueur de vérité dans le pouvoir des mots.

La vie commune avec ceux que nous n'avons jamais vus

18 octobre 2018

Je voudrais réhabiliter si besoin l'idée de communauté, alors que, comme l'écrivait le philosophe Jean-Luc Nancy[1] il y a déjà quelques années, « Le témoignage le plus important et le plus pénible du monde moderne est le témoignage de la dissolution, de la dislocation ou de la conflagration de la communauté ». Paradoxalement, l'ampleur des débats sur les communautarismes et les revendications nombreuses de droits collectifs de minorités définies par leur seule appartenance culturelle, religieuse, sexuelle, sociale, voire raciale, ont fini

1. *La Communauté désœuvrée*, Galilée, 2014.

par nous dérouter, littéralement, de tout projet de communauté universelle. Cette désagrégation communautaire de notre monde est la raison de l'expression de souffrances liées aux identités effacées ou niées, aux nouvelles solitudes, aux mémoires oubliées. Souffrances à l'origine d'expressions communautaires identitaires fermées. De plus en plus de personnes se rendent compte de manière cruelle qu'elles ne peuvent appartenir à une communauté ouverte, tandis que la soif de privilèges, un individualisme exacerbé, la globalisation sauvage du monde attisent à la fois la peur de la multitude et l'indifférenciation. Cette époque qui n'a cessé de battre en brèche l'espérance des groupes affronte en retour la violence de désirs communautaires multiples qui créent plus de division que de lien, plus de frontières que d'espaces communs. Ces désirs conduisent à une impasse mortelle. Le souffle d'une véritable communauté s'est épuisé. Ce sont des personnes isolées, souvent fragilisées, perdues, qui s'arriment dans leur naufrage social et personnel, souvent spirituel, à un mirage communautaire. On identifie la communauté au seul besoin de sécurité, de repli identitaire, à une sorte de forteresse imaginaire à défendre. Les solitudes contemporaines (pauvretés, migrations, fondamentalismes) devraient au contraire nous appeler à imaginer de nouvelles vies communautaires ouvertes et hospitalières, mais nous préférons nous enfermer dans une sorte de régression où l'exclusion de « qui n'est pas, ne pense pas, ne vit pas comme nous » domine. Nous-mêmes, catholiques, ne sommes pas exempts d'une telle régression catastrophique. Cette situation de notre monde, dans laquelle l'idéal communautaire est à la fois éclaté et dévoyé, nous renvoie à l'urgence de la possibilité d'une communauté humaine, de reprendre la réflexion sur l'être en commun, sur la valeur qu'il faut accorder à autrui, à sa rencontre. à trop vouloir bâtir uniquement des communautés d'intérêts communs, ou d'utilité commune, voire de discriminations et d'identifications, on s'éloigne dangereusement de l'espérance d'une communauté ouverte. Bien sûr qu'il ne suffit pas de tendre la main pour fonder une communauté. Il faut, comme le rappelait Martin Buber[1], vouloir répondre à une nécessité vitale, « partager l'expérience de la situation dans laquelle on se trouve historiquement et y répondre collectivement ». Ne pas se limiter à sa propre situation mais répondre à la question de la vie humaine dans le monde dont nous sommes responsables. Pour permettre à chacun de participer

1. Dans un très important recueil de textes, *Communauté*, éd. de l'Éclat, 2018.

à une expérience de vie commune dans la diversité, ajoute Martin Buber : « Nous nous réunissons en vertu d'une nécessité vitale et la diversité de nos opinions nous est aussi précieuse que la diversité des couleurs et des formes dans les choses. » Notre effort vers cette « véritable communauté considérée comme une révélation du Dieu toujours inconnu » (Buber) est de nous libérer de la seule logique de l'échange ou du profit pour cultiver l'exigence du don sans rétribution nécessaire. La raison communautaire n'est plus alors de produire quelque chose à tout prix, n'est pas d'œuvrer au même, mais de rendre possible un lieu ouvert où reconnaître l'étrangeté, la différence de chacun, où accueillir chacun, quelles que soient sa distance, son origine, et faire en sorte de travailler à la vie commune. De parvenir à faire que ce qui nous sépare devienne relation, rapport, et cause du dialogue. Une « communauté désœuvrée », pour reprendre l'expression de Jean-Luc Nancy. Qui ne se contente pas de ce que nous avons et faisons en commun, et qui ne se limite pas à celles et ceux que nous connaissons, mais qui témoigne de cette vérité que confesse encore magnifiquement Martin Buber : « Ils sont nombreux ceux que nous n'avons jamais vus, qui n'en savent pas plus sur nous que nous sur eux, et qui pourtant sont plus profondément et plus entièrement avec nous que certains hommes que nous voyons tous les jours. » Il ne saurait y avoir de communauté digne de ce nom qui ne soit fondée sur le souci de s'ouvrir à « l'autre que nous n'avons jamais vu ».

Une si jeune ressemblance

25 octobre 2018

Ce sont des figures en pierre, en albâtre, en obsidienne, en ivoire. Des figures humaines, féminines pour beaucoup d'entre elles. Aux formes géométriques souvent, abstraites et à la fois magnifiquement précises. Des figures rondes ou rectangulaires, le tronc en trapèze ou en pyramide. Certaines aux seins ou aux yeux disproportionnés. Elles ne font rien. Elles sont droites ou assises. Placées dans un désœuvrement absolu, comme avant le temps de la guerre, du travail, avant les adieux. Elles sont là posées dans le silence de l'humanité depuis six mille ans pour certaines d'entre elles. Fétiches, idoles. C'est-à-dire des images qui devaient représenter des divinités, des ancêtres, des puissances, dans les temples ou les foyers. On pouvait les honorer, les transmettre, les adorer, mais aussi les pulvériser, les briser, les jeter au feu. Pourtant chacune d'entre elles semble me dire aujourd'hui : *Je n'ai pas peur*. Elles paraissent ne rien savoir des temps qui viendront. En réalité, plus on les découvre, plus on les observe, et plus nous apparaît le mystère aujourd'hui de qui nous sommes devenus, toute l'étrangeté de notre ressemblance à ce que nous avons cherché à représenter depuis des siècles, notre figure humaine, toute l'énigme de notre parenté humaine liée à la possibilité de cette figure et à sa reconnaissance comme nôtre. Est humain qui se reconnaît ainsi, au-delà des siècles et des cultures, dans cette possibilité-là d'être figuré d'aussi loin dans le temps et l'espace. Ce qui frappe, c'est bien leur absence de frayeur, leur immobile et généreuse présence abstraite qui parvient, des millénaires plus tard, à interroger notre propre humanité, inquiète de ses métamorphoses, de ses troubles. Je dois cette découverte à Dominique Fourcade, un ami, grand écrivain, poète, et qui a beaucoup travaillé sur l'œuvre de Matisse, d'une curiosité inlassable. Il m'a récemment fait part d'une exposition à laquelle il fut associé, tout en m'offrant le catalogue édité par la fondation italienne à l'origine de cette exposition (Fondazione Giancarlo Ligabue). C'était à Venise, au Palazzo Loredan, Campo Santo

Stefano, à l'Institut des sciences, des lettres et des arts. La première tentative de comparaison entre l'Orient et l'Occident d'œuvres représentant le corps humain, entre 4000 et 2000 ans av. J. C., sur une aire immense qui s'étend de la péninsule Ibérique à la vallée de l'Indus, en pleine révolution du néolithique jusqu'aux débuts de l'âge de bronze, et l'apparition des premiers centres embryonnaires d'urbanisation. Si cette centaine de figures humaines offre bien de nombreuses différences de formes, de tailles, de matériaux, de fonctions et d'usages symboliques ou rituels, l'étonnement tient davantage à cette permanence horizontale d'une humanité figurée de la sorte, féminine, votive, offerte au regard. Il est surprenant de constater ainsi que malgré leur éloignement géographique, temporel, de nombreuses religions et cultes différents ont pu partager les mêmes formes figurées. Un phénomène encouragé par le développement des voies de communication et d'échanges. Des artisans itinérants fabriquaient des figurines anthropomorphes, participant à cette transversalité de la figure humaine, qui témoignerait du souci de représenter l'humanité. Jusqu'à produire pendant plus de deux mille ans, depuis l'Europe jusqu'à l'Asie en passant par le bassin méditerranéen et tout l'Orient ancien, cette incroyable apparition de l'humanité à elle-même, cette fascination pour le soi projeté dans la matière et les formes. Cette présence externe, muette, de notre image fabriquée pour nous être adressée, partagée au-delà de bien des frontières, des différences. Oui quelque chose de phénoménal a eu lieu, silencieusement, traversant les pouvoirs, une permanence, une insistance qui a donné une externalité de notre apparaître, une matérialité à ce qui au départ était une dimension intime, peut-être inconnue, effrayante : notre humanité. J'en parle un soir à ma fille, mon adolescente. Je lui montre ce livre, ces images, et je pense je n'ai pas peur quand je vois cette humanité de pierre, la terrible jeunesse de ces figures-là de nous-mêmes. Notre modernité, il y a cinq mille ans. Je n'ai peur d'aucune présence, d'aucun mouvement, d'aucune pensée. Je vois que nous sommes là depuis des millénaires. Une si jeune ressemblance. Mais lorsque c'est toi, mon adolescente. Lorsque c'est toi qui souffres ou qui réclames l'espace, le mouvement. Que la lumière crue du monde te perd pour te rattraper comme une caméra. Te suivre et t'abandonner dans la vie. Lorsque je t'imagine seule sans moi, dans les déformations de l'existence, sans moi, sans nous, figure muette, offerte au regard des autres, alors j'ai peur. Mais oui, nous ferons peut-être le voyage à Venise.

L'Apocalypse, un noir de Bible

8 novembre 2018

Je viens de relire le livre de l'Apocalypse, le dernier des livres de la Bible. Enfant, j'ai connu un prêtre qui n'avait de repos étrangement qu'à la lecture de ce livre énigmatique où, à chaque instant, des visions viennent apporter leur lot d'horreurs, de violences, sans que l'on sache toujours très bien ni à quoi ni à qui ces visions font référence. Le prêtre en question prétendait mystérieusement que s'engager dans la lecture d'un tel livre nous faisait ressembler à ces aventuriers toujours prêts à repartir, à affronter un grand danger pour cesser enfin de douter d'eux-mêmes. Bien sûr, je pense en lisant à notre situation contemporaine. Je pense à ce même mot *apocalypse* qui revient partout, à tort et à travers, pour désigner de multiples catastrophes avec lesquelles semble s'écrire notre situation au monde. Le mot lui-même, depuis longtemps, est devenu le symptôme de notre sidération. Que nous arrive-t-il ? L'apocalyptique est une forme de compréhension de l'histoire telle que nous la subissons, c'est-à-dire de nos peurs, de nos plus grandes angoisses, de nos pulsions de mort face aux événements du monde. Le livre de Jean dans le Nouveau Testament parle aussi en réalité de complots politiques, de guerres, de corruption, de misère, d'exodes dans un empire mondialisé au Iᵉʳ siècle de notre ère… On sait que le mot grec apocalypse signifie dévoilement. Le livre biblique lui-même se présente comme un condensé de révélations. Mais plus que des révélations sur la fin du monde, il s'agit d'un dévoilement de notre propre vision obscurcie, voire coupable, du monde. Et valable pour chaque époque, pour chaque existence dans le vent noir de l'histoire. Oh mes amis, qui d'entre nous ne s'est jamais senti désemparé, perdu devant les événements du monde ? Quelle lecture faire de tout cela ? Quelle est notre responsabilité d'interprète, de lecteur du mal que subit le monde autour de nous ? Lire le mal, interpréter les malheurs, c'est le vrai message du texte de Jean de Patmos. De notre capacité à lire les événements terribles et à interpréter les Écritures en situation de crise, de désarroi, dépend notre salut. Dépend aussi notre résistance au désespoir. L'apocalypse raconte ce que nous voudrions taire, ne pas voir, ne pas affronter. Son langage est symbolique, figuré, parce qu'il convient de faire un effort d'intelligence pour lire ce monde devenu littéralement *immonde*. Un *non-monde*, défiguré. Ce livre convoque d'une certaine façon un espace d'interprétation du malheur, des images extrêmes pour rendre visible et audible le mystère de ce que nous vivons. Il propose une sorte de médecine visuelle, de thérapie littéraire de l'immense détresse du monde contemporain, et du *kairos* que nous sommes appelés à vivre en tant que croyants. Le mot *kairos* revient très souvent dans le livre. Il désigne cet instant décisif mais fugitif, soumis au hasard mais lié à l'absolu. Le *kairos* renvoie au cours du monde, au déroulement imprévisible des choses, et à une crise, une fulgurance, qui permet de reconnaître l'événement signifiant. Il s'agit d'une sorte de littérature chamanique, inspirée de l'antique tradition prophétique, notamment celle d'Ézéchiel dans la Bible. On y retrouve des imitations animales, des figures monstrueuses, des adresses aux esprits. Les lettres aux différentes communautés tracent une sorte de danse chamanique, sonnant les trompettes, réveillant les monstres, les peurs les plus archaïques, claironnant à tous la fin d'une époque du monde, reportant l'écho de voix anciennes, de livres anciens, pour nous encourager à relire l'histoire sous nos yeux. Ce que vous vivez, semblent nous dire ces pages, n'est pas ce que vous croyez, ce n'est même pas ce que vous vivez. « Tu as le nom de vivant pourtant tu es mort (*nekros*, en grec, nécrosé) », lit-on littéralement en ouverture du chapitre trois. Tu vis une mort prématurée. Et le livre que tu as sous les yeux réveille toutes ces voix mortes qui hurlent et que nous n'entendons pas. Pour être en vie, il faut accepter qu'un voile se lève sur ce que nous vivons, que nous ne pouvons dire ni même représenter : l'horreur, l'injustice. Tout ce qui nous effraie, nous préoccupe. Cette masse noire, ce quelque chose de l'histoire du monde, de notre situation au monde, que nous repoussons et que nous qualifions trop vite d'incompréhensible. Un grand poète et écrivain gallois du siècle dernier, Dylan Thomas, avait inventé ce néologisme en ouverture de son magnifique poème vocal, « Sous le bois lacté » (« Under Milk Wood »), en parlant des rues endormies d'un petit village gallois : *starless and bibleblack*, sans étoile et d'un noir de Bible. Ce noir de Bible, c'est le nôtre aujourd'hui. La noirceur que nous avons à comprendre et à affronter. C'est ce que dit à lui seul le mot apocalypse, l'espoir anéanti et toujours, mystérieusement, présent.

Tragédie de la *moral machine*

15 novembre 2018

Oh mes amis, voilà que notre destin s'accélère au point que nous confierons bientôt à des robots notre responsabilité de pilote. La machine nous conduira et, sur le trajet toujours aléatoire d'un point à un autre, elle fera pour nous les choix de ralentir, d'éviter, d'accélérer, de s'orienter. La voiture autonome est d'ores et déjà annoncée sur nos routes. Il est inévitable de l'interpréter comme une métaphore de notre devenir tragique. Qu'on ne vienne pas accuser les machines, elles n'y sont pour rien. Notre état robotique de conscience, nous ne le devrons qu'à nous-mêmes, épuisés de nous-mêmes au point d'inventer des machines sans pilote. Je vous invite à consulter un site web conçu par la *Toulouse*

School of Economics et le *Massachusetts Institute of Technology* (moralmachine.mit.edu), pour tester les choix moraux régulant les comportements d'une voiture autonome. Cette plate-forme compile les différentes décisions morales que les machines intelligentes, comme une voiture sans conducteur, pourraient avoir à faire. Par exemple, choisir le moindre de deux maux : tuer les deux passagers du véhicule ou faucher cinq piétons, dont femme et enfants… Le site a pu réunir les réponses les plus acceptables à 3 millions de personnes dans le monde. Les choix vont jusqu'à s'exercer entre la vie d'un handicapé ou celle d'un enfant, d'un sans-abri ou d'une importante personnalité… Étranges perspectives, car cette élaboration d'une éthique des robots ne signifie pas que les machines décideront elles-mêmes mais bien qu'elles appliqueront ce que nous aurons nous-mêmes décidé que les machines pourront faire. La *moral machine* entend programmer ainsi des décisions qui relèvent finalement d'un acte de conscience, et pour ce faire tente de collecter une sorte de cahier de normes éthiques acceptables selon les cultures, les sociétés. Des choix qui relèvent de l'inassumable, du tragique par excellence. Faut-il privilégier une famille ou une vie célibataire ? Un malade ou un bien portant ? Pour la *moral machine* il n'y a pas de tragédie, c'est-à-dire il n'y a pas de liberté de conscience, il n'y a plus de risque à assumer. Il n'y a plus, mes amis, d'héroïsme possible, par exemple, ni de sacrifice. Si le jeu proposé ici à titre de sondage mondial est de s'interroger sur quelle vie de préférence épargner selon les qualités, les origines, les mérites présumés, les infirmités et défauts supposés des uns et des autres, alors le choix est faux et surtout immoral. Si la détermination de critères de fonctionnement de tels engins autonomes nous conduit à de tels choix aberrants, c'est un retour direct à la barbarie. Car il nous est demandé de résoudre des conflits sans accéder à leur dimension tragique. Et un conflit qui ne nous fait plus accéder au tragique ne consiste plus qu'en une destruction, si de cette destruction ne se dégage pas une chose qui la dépasse, qui la transforme. Sans cette dimension libre de la conscience face au dilemme, la tragédie n'est que le récit d'une catastrophe, illustrant l'effondrement de toute conscience humaine. Car cette étude de cas nous renvoie à notre frayeur humaine devant l'impossible choix face au drame, à l'injustice, au mal subi. J'ai envie de dire à tous les apprentis Frankenstein : laissez-nous du désordre, du hasard, de la spontanéité, de l'indécision, des interstices où nous faufiler… Laissez-nous notre tragique condition humaine. Une voiture sans pilote, pourquoi pas ? Mais assumons alors d'avoir à affronter de nouvelles formes tragiques de rapport à la vie, au monde, aux autres existences du fait de ces machines. C'est à cela que nous devons réfléchir. Toute l'histoire de la philosophie morale nous rappelle la complexité bouleversante de décider d'un choix juste, bon et acceptable. La question demeure : jusqu'à quel degré la vulnérabilité d'une vie singulière est-elle compatible avec ce que nous aurons jugé juste et acceptable ? Aucune machine ne pourra jamais faire qu'il n'y ait pas de monde vivant avec de l'imprévu, de la liberté, de la transgression, de l'inattention... Un monde de bifurcations, de configurations variables, de décisions changeantes, de divergences, de désaccords. C'est bien l'énorme contradiction de cet oxymore contemporain, *moral machine*. La morale n'est jamais une affaire de sondage, elle rôde dans les interstices, elle naît de cultiver cette forme d'attention qu'éveille un souvenir, une évocation, un désir, une surprise. Tous ces faits inopinés qui nous désignent comme conscients. Dans ces interstices se jouent notre attention et notre créativité y compris et surtout dans la peur et devant l'inconnu. C'est le jeune enfant qui tente ses premiers pas, ses premiers mots. C'est vous et moi qui éclatons de rire ou en sanglots. C'est un geste nouveau que nous apprenons. C'est bafouiller en essayant de se faire comprendre. C'est se sentir vivant dans un monde neuf, et imprévisible.

La Torah « n'est pas au ciel » mais elle est parmi les hommes

22 novembre 2018

Il sera utile, devant les difficiles débats éthiques qui nous attendent, et face aux excès mortifères d'un certain zèle prétendument religieux toujours prêt à condamner au nom d'une loi sacrée implacable, de prendre le temps de découvrir l'univers inventif, d'une admirable délicatesse éthique, de l'œuvre d'un grand rabbin et philosophe juif du XXe siècle, Eliezer Berkovits (1908-1992) dont on peut lire en français *La Torah n'est pas au ciel. Nature et fonction de la loi juive*[1]. Grand rabbin de Berlin en 1939, Eliezer

1. Traduit merveilleusement par A. de Saint-Loup et P.-E. Dauzat, aux éditions de la revue Conférence.

Berkovits analyse, au lendemain terrible de la Shoah et de la destruction du monde juif en Europe, les enjeux humains de la loi juive, la *halakha*, application de la parole écrite de la Torah à la vie et à l'histoire du peuple. Il s'interroge sur ses adaptations nécessaires au regard des vicissitudes historiques et de notre condition humaine. La tradition talmudique est nourrie de ces débats, et le texte biblique lui-même est construit pour rendre possible ce travail interprétatif. Le titre de l'ouvrage reprend un célèbre passage du Talmud de Babylone. La Torah, la loi de Dieu, « n'est pas au ciel » mais elle est parmi les hommes, et les accompagne dans leurs histoires. D'une certaine façon, notre responsabilité spirituelle est de faire en sorte que la Torah vive avec et pour nous. Eliezer Berkovits explore, dans le monde du Talmud, la figure d'un Dieu soucieux de l'humanité, de sa Création, et souligne l'extraordinaire attention au travail toujours recommencé de l'adaptation de l'enseignement de la Tradition aux différents exils de la Parole dans l'histoire, confronté à l'extrême diversité de nos dilemmes éthiques. Il montre toute l'importance que le Talmud « attribue à la pensée logique, aux intuitions du bon sens », pour élaborer une sagesse du faisable, du possible, opposée à une vision abstraite et fondamentaliste des textes, à propos de questions douloureuses sur la filiation, l'adultère ou la guerre. On accède à la profondeur humaniste de la Loi. Une décision juste n'est jamais trouvée en appliquant à la lettre ce que nous croyons être juste… Mais elle est issue d'une profonde méditation concrète, en dialogue, ouvrant une négociation entre l'absolu de la Loi et des circonstances variables. Le choix éthique ne dresse pas des murs infranchissables mais il ménage des ouvertures en faisant appel à une « interprétation créatrice », en accueillant la Loi dans le récit, l'histoire de chacun. C'est ainsi que le blasphème ne porte pas toujours sur ce qu'il prétend dénoncer au nom de la Loi. Il arrive qu'il y ait un recours blasphématoire à la Parole. On peut porter atteinte à la Torah, comme à toute loi sainte, en l'appliquant aveuglément. Un rabbin galiléen du IIIe siècle, Rech Lakich, allait jusqu'à déclarer, nous rappelle le Talmud : « Parfois l'abolition de la Torah est son fondement. » N'est-ce pas ce que cherchait à nous dire Jésus en déclarant vouloir « accomplir la Loi », et non simplement l'abolir ? Le « temps d'agir pour Dieu » peut conduire à revisiter une loi ou une autre, si c'est au service de son prochain et d'une meilleure vie commune. Transgresser au nom d'une plus grande fidélité. La Torah doit prêter attention et fidélité à la nature humaine, aux besoins humains. Même au nom d'un réalisme cruel ! Pourquoi en temps de guerre, s'interroge Eliezer Berkovits, la Bible « n'interdit-elle pas de prendre des captives contre leur gré » ? L'explication embarrassée du Talmud est que cette Loi a été donnée non parce qu'elle serait juste de tout temps et en toutes circonstances, mais pour tenir compte de l'inclination mauvaise (*yetzer hara*) de la nature humaine, et qu'au moins le traitement des captives soit digne. Nous devons adapter la Loi selon la nature humaine telle que nous l'éprouvons, sachant alors que telle ou telle loi souhaitable ne sera pas réalisable. Comme l'écrit Berkovits : « La Loi ne saurait être complète en sorte qu'elle suffise pour tous les temps. » D'où l'expression talmudique d'avoir à « déraciner » certains commandements bibliques. « Nous avons appris, explique Berkovits, que les variantes de l'interprétation de la Torah ont été transmises aux sages de chaque époque pour qu'ils décident de la *halakha* au gré de leurs lumières. » Pour déduire de nouveaux détails de la Loi, adaptés à une situation nouvelle. Cette « innovation rabbinique » pourrait nous guider aujourd'hui encore. Avant d'en appeler au Ciel, à la loi sacrée, quelle qu'elle soit, sommes-nous bien certains d'avoir fait notre travail d'interprétation, de traduction, au bénéfice d'un plus grand respect de nous-mêmes ?

La révolte ne naît pas seulement d'une taxe

29 novembre 2018

La violence apparaît quand la parole entre nous n'est plus en mesure de signifier un monde commun. La parole politique bien entendu, mais aussi toute parole sociale. « Signifier, c'est de manière très complexe opérer », rappelait le philosophe Paul Ricœur. La parole est là pour nommer, distinguer, désigner. Pour faire de notre expérience au monde une expérience partageable. Le philosophe allait jusqu'à expliquer qu'une parole opératoire, c'était une parole en mesure de « rendre service » au travail réalisé entre nous, aux liens que nous tissons, à l'espace que nous habitons ensemble. Son œuvre de parole est de nous associer, de nous inscrire dans un rapport vivant et actif au monde. Il me semble, mes amis, que nous nous éloignons aujourd'hui de ce travail de la parole entre nous. On voudrait que tout se règle, que tout s'opère sans le devoir de se parler, sans la nécessité de faire monde par la parole. Nécessité qui exige non seulement de nous faire comprendre d'autrui mais de prendre le temps également de le comprendre. C'est peut-être ce qui nous séparera de notre vieille humanité… Cette paresse entre nous de la parole. Et c'est sans doute commencé. Comme moi, ces derniers temps, vous avez vu un peu partout en France, aux ronds-points, aux péages, aux entrées des villes et des villages, les images d'une parole qui ne parvient pas à tout dire de ce qui fait ainsi effraction dans la révolte, ni surtout de sa solitude de parole ou de son abandon. Qui nous écoute ? semblent demander les gens. Comment dire aux autres ce qui se passe pour nous ? Les mots et les images s'entrechoquent, se perdent. On parle fins de mois, enfants, nourriture, déplacements… On parle de la vie ordinaire. Celle invisible qui se déroule avec peu de mots et souvent peu d'attentions. On parle de ce monde commun qui semble soudain si peu partageable, si peu partagé. Face à cela, la parole politique est devenue trop souvent une sorte de pratique exhibitionniste. Elle se montre mais semble incapable de signifier, d'opérer quoi que ce soit. Et revient également avec insistance dans la bouche de tous cette étrange expression, *pouvoir d'achat*. La capacité de tout un chacun à consommer. Je pense que personne ne devrait être réduit à se désigner par son seul pouvoir d'achat. N'avoir plus que cela à dire pour se définir. Qu'une société qui laisse ainsi la vie commune être envahie par la nécessité matérielle est une société malade. Et pour cette raison, il ne faudrait pas laisser les besoins matériels de chacun sans réponse. Je n'oublie jamais cette phrase du rabbin lituanien Israël Salanter (1810-1883), reprise par Emmanuel Lévinas quand il commente les obligations d'Abraham à l'égard d'autrui : « Les besoins matériels de mon prochain sont des besoins spirituels pour moi. » Ce qui signifie qu'apporter réponse à ces besoins est de l'ordre de ce qui m'éveille, m'arrache précisément à la seule vie matérielle tout en l'honorant. Il ne saurait y avoir de spiritualité authentique coupée de toute attention à la vie matérielle de mon prochain précisément parce que répondre à ces besoins c'est signifier qu'autrui vaut davantage que ces seuls besoins matériels. Et cela vaut aussi pour nos institutions politiques et sociales. Le sens final de ces institutions, c'est bien le service rendu à travers elles à chacun d'entre nous. S'il n'y a plus personne à en tirer profit, et croissance, et assurance, elles sont vaines et dangereuses. La révolte ne naît pas seulement d'une taxe, ni même du seul sentiment d'injustice, elle jaillit quand certaines personnes n'ont plus le sentiment d'être les sujets de cette attention, de ce service, au profit de leur vie même. Quand elles se sentent acculées et réduites à leur seul pouvoir d'achat. C'est ce que j'appellerais cette décence ordinaire qui, lorsqu'elle fait défaut, devient le terreau du pire entre nous. Tourner le dos à celles et ceux qui se sentent ainsi ignorés, délaissés, quel que soit le degré de réalité de cet abandon, c'est faire courir à tous un risque majeur. Ne laissons pas trop d'*enfants humiliés* parmi nous, pour reprendre une expression de Georges Bernanos. Intéressons-nous à eux, à leur plainte trop souvent muette, parce que d'eux, selon le romancier, dépend sans doute notre avenir commun. Bernanos est au Brésil, il écrit ces lignes entre septembre 1939 et avril 1940, une période de tensions extrêmes. Il s'interroge. Et si le monde devait être sauvé par ceux-là mêmes qui se sentent humiliés par le monde autour d'eux ? « Ceux que la société moderne élimine, parce qu'ils ne sont plus capables de s'y adapter et parce qu'elle n'est pas en mesure de les assimiler » (*Les Enfants humiliés, Essais et écrits de combat*). C'est à nous tous de participer à la décence ordinaire de chacun, d'y répondre, parce que nous savons que cette réponse restitue une dignité au service de tous.

« Ton cheval est mort »

6 décembre 2018

« Ton cheval est mort. » Je dois l'annoncer à ma fille. Elle a compris sans un mot. Je la vois d'une pâleur de cire, immobile, seuls les poings impatients et serrés. Je me souviens brutalement de ses regards heureux au bord de la mer quand nous l'emmenions baigner son cheval sur la plage, en fin de journée. J'aurais tant voulu que la vie lui épargnât cette épreuve supplémentaire. Ce cheval, une jument nerveuse d'une robe couleur alezan brûlé, qui lui avait été offert par sa mère, l'accompagnait dans sa vie depuis quelques années. Promenades, entraînements, courses, sauts d'obstacles… Sa disparition aujourd'hui nous ramène au chaos de la vie dans lequel nous devons coûte que coûte tracer un ordre, une familiarité. Faire que nos « ombres ténues » (Virgile) de vivants sur la terre se trouvent, s'associent, en dépit de la solitude, des effondrements. La présence de l'animal, et son absence, signifie ainsi davantage qu'un simple compagnonnage. Et je crois que très tôt l'humanité a senti, avant même peut-être l'énigme de sa propre présence, celle d'un autre proche et lointain : l'animal. Celui qui éveilla en elle la peur et l'attirance, le sentiment d'une autre royauté sur le monde, et qui sans doute lui donna pour la première fois la troublante nostalgie de l'autre. N'est-ce pas dans le regard d'un animal, sauvage ou familier, ou dans son apparition furtive dans un bois, un pré, au détour d'un chemin, ou traversant une route dans la nuit à l'approche des phares d'un véhicule, que nous sommes saisis de ce sentiment poignant d'une présence autre, à jamais différente, et pourtant indéfectiblement proche ? Comme le souvenir d'une rencontre impossible. Oui, c'est sans doute l'animal qui nous a éveillés, dans la nuit des temps, à la question de la présence autre, et non seulement dans l'effroi, avec le désir de dominer, de tuer, mais aussi dans la possibilité d'une relation, voire d'une amitié ou d'un secours. Et m'apparaît, dans ma tristesse, ce coup de génie du scribe bibliste de mettre en scène aux commencements du monde une humanité non distincte dans une entéléchie encore sans autre, sans rencontre. « Il n'est pas bon que l'adam soit tout seul, je lui ferai une aide, comme quelqu'un devant lui » (Gn 2,18). La première idée de Dieu est de répondre à la solitude de l'adam en créant les animaux, « pour entendre les noms qu'il leur donne ». La vue de l'animal est l'occasion, l'incidence en quelque sorte, de noter au passage l'invention du langage. L'adam parle ici pour la première fois et pour donner un nom à chaque animal. La conscience de la solitude donne naissance à la parole. Celle du créateur lui-même d'abord, qui soliloque, et celle de l'adam qui fait l'effort de distinguer par la parole l'autre qui défile sous ses yeux. Apparaît l'énigmatique promesse d'un partenaire et adjuvant, *helper*, dit-on en anglais, un aide mais au sens de qui vient au secours. La première expérience de l'autre dans le monde créé, c'est la rencontre avec l'animal. Dieu avec l'animal entend donner à l'adam « une aide comme quelqu'un devant lui », dit l'hébreu. Quelqu'un en face de ou face à lui. Quelqu'un qui ne doit pas être bien différent puisqu'il est fait pareil : avec la boue, la poussière du sol (*adamah*). *Kenegdô* en hébreu : littéralement *comme en face de lui*, ou plus ambigu, *contre lui, face à lui*. Je rappelle ce commentaire troublant aujourd'hui de Rachi, au XIIe siècle, jouant sur l'ambiguïté de l'hébreu : « Si l'adam le mérite ce sera un aide, s'il ne le mérite pas ce sera son adversaire. » La traduction latine de la Bible par saint Jérôme, au ve siècle donnera : *similem sui* — semblable à lui. Véritable coup de force de la traduction qui efface l'intensité du face-à-face. Le mot hébreu *'ézèr* désigne toujours celui qui vient en aide, Dieu, ou un ange de Dieu, notamment dans les Psaumes. Ce n'est pas rien. C'est le mot par lequel le suppliant appelle Dieu à son secours. L'animal est convoqué, créé pour cette place, dans un premier temps. Il est le premier que j'ai appelé à mon secours, et nommé. L'animal, premier rencontré dans la solitude du jardin des origines, premier compagnon possible, à la naissance du désir d'un autre et d'un semblable, et s'y refusant, pour une part, mystérieusement. L'homme devant chaque animal cherche ce vis-à-vis et le nomme. Cette place d'une compagnie première, d'un déchirement premier, la Bible le rappelle souvent à sa manière. Dieu sauve l'humanité avec les bêtes (récit du Déluge, psaume 36). Souvent l'animal est plus proche de Dieu que l'homme, et les bêtes entendent Dieu avant les hommes. Je pense à l'ânesse récalcitrante de Balaam (Nb 22,21-35) qui reçoit les coups de l'homme qu'elle a pourtant toujours bien servi, mais qui a vu l'ange du Seigneur et compris avant l'homme l'intention divine. Oh mes amis, une adolescente pleure. Un ami a disparu. La solitude revient.

Exiger la justice par la douceur

13 décembre 2018

Oh mes amis, ça revient parmi nous, en nous. La rancœur augmente à pas de géants : une profonde insatisfaction, un sentiment d'injustice ronge l'âme commune, et qui réveille ainsi souvent le pire. La violence qui explose voudrait être un commencement mais en réalité elle n'est que la rage impuissante à retrouver l'issue. Voici ce qui est grave dans ce que nous vivons aujourd'hui. Dans nos refus de part et d'autre d'abandonner une position que nous savons par ailleurs insoutenable, nous fabriquons la violence. Nous ne voulons pas voir depuis des décennies la déchirure du lien social, le scandale d'inégalités que rien ne peut justifier, l'aggravation de la précarité et de la pauvreté… Mais tout aussi dangereux a été notre désintérêt et notre mépris pour la culture, l'éducation artistique, la diffusion des idées et des rêves, la transmission des savoirs. Certains tout récemment reprennent une vieille antienne : la violence justifie la violence. C'est un terrible et sombre refrain de l'humanité. Jailli des bas-fonds comme des plus hautes sphères du pouvoir. Non, mes amis, si la violence appelle la violence, et la justifie, alors la ronde infernale nous aspirera. Corps et âme. Toute violence occupe une position insoutenable. C'est notre sœur obscure. Elle surgit quand tout bloque, quand règnent le mutisme, l'égoïsme, la surdité. Flattant notre capacité de destruction, notre appétit de catastrophe. Avec cette pensée que la violence fait l'histoire, qu'elle est inévitable. Oh mes amis, reconnaissons notre complicité affective avec la violence, notre passion du terrible dans l'Histoire, ce goût de l'action expéditive et punitive, gratuite, dans le désir d'abattre toute médiation juridique ou administrative parce que celles-ci, précisément, ne semblent plus jouer leur rôle. Certains nous le demandent : comment la violence de la situation n'appellerait-elle pas la violence de l'insurrection ? Mes amis, on peut aussi se révolter pour poser une fin à la violence comme unique moteur de notre histoire. Que ce soit la violence économique et sociale, la violence d'État, ou la violence de la révolte elle-même. L'efficacité de la non-violence, c'est de prendre au sérieux la violence. De pratiquer jusqu'au bout cette prise de conscience de la violence, par quoi elle exhibe sa tragique grandeur et son impuissance mortifère. La violence apparaît avec la crise qui n'est jamais que le moment d'une décision qui se voudrait imminente, nécessaire, mais que l'on vit comme impossible. D'où nos atermoiements, nos reculades, nos fuites en avant. Et vient l'insurrection, du latin *insurgere*, se lever, se redresser, apparaître. C'est bien ce que des milliers de personnes ont d'abord voulu faire : apparaître enfin, sortir de l'invisibilité dans laquelle ils se sentaient rejetés. Le sens premier de l'insurrection, c'est de revenir à la présence, à la visibilité. Je voudrais mes amis en appeler à une insurrection de la présence par la douceur. Je vous vois sourire et ricaner. Mais la douceur est une force, la douceur est action. Le non-violent n'est pas un pur ou un imbécile en marge du temps et de l'Histoire. L'action non violente traverse, dans toute son épaisseur, l'histoire de la violence. Jusqu'à son point de non-retour. La non-violence compte alors desserrer cet étau afin de suspendre ce qui dans la crise conduit à l'impossible. On peut se lever et opposer à la violence subie, l'injustice éprouvée, nos personnes enfin visibles et droites. Notre douceur effondrera la violence. Dans notre histoire, les formes non violentes de résistance, de contestation, ont pris le sens profond d'un témoignage de vérité. Et cela depuis très longtemps. Le message des Béatitudes dans l'Évangile concerne toujours notre monde d'aujourd'hui, avec ses structures politiques et sociales, son hypocrisie politique, ses manquements au respect et à la dignité d'autrui. Ce « Sermon sur la montagne » prône la non-violence comme insurrection. La dignité, ou la justice, « ne se sollicitent pas, elles s'exigent », pour reprendre les mots d'un révolutionnaire non violent, Martin Luther King. Et dans l'histoire on a vu souvent que les refus d'obéissance, la passivité opposée à la contrainte injuste, donnent une présence réelle au scandale de la violence subie et aux valeurs que nous lui opposons. Il ne s'agit pas d'une « non-résistance passive au mal, mais d'une résistance non violente active au mal que l'on subit » (toujours Martin Luther King). Car la violence obscurcit. Or nous voulons être vus, entendus, accueillis. Mais appeler au respect de notre dignité malmenée par la violence, c'est prendre le risque de brouiller définitivement cette dignité. La non-violence ne peut pas tout, mais elle prépare un chemin, elle aplanit une voie. Et n'oublions pas, collectivement, que c'est ce que nous aurons fait à autrui, quel qu'il soit, qui achèvera le sens de ce que nous sommes, et du monde que nous aurons voulu.

Quelqu'un est là, quelqu'un est venu

20 décembre 2018

Qui n'a jamais éprouvé, une fois, ce sentiment de vague tristesse à l'attente des fêtes ? À quoi bon ? Et qu'attendons-nous finalement ? Mélancolie incompréhensible d'un vieux rêve que l'on ne discerne plus vraiment. Il doit se réaliser mais en avons-nous toujours les forces ? Le désir que nous avons est parfois trop fort, il nous serre dans ses bras et nous étouffe. Gorge nouée. Le bonheur doit s'imposer, pensons-nous, mais nous sommes si prompts à le perdre depuis des générations. Que faut-il espérer ? L'espoir s'oppose à nous avec une force de montagne infranchissable, et nous préférons nous en échapper, comme l'eau dans les vallées qui se faufile vers l'obscurité des grottes et des cavernes, jusque dans les trous et les terriers, pour y glisser le poids mort de notre espérance, et disparaître sans effort. Qu'il est dur d'espérer le bonheur. On préfère la plupart du temps y renoncer sournoisement. Pourtant la difficulté de la marche, l'âpreté de l'attente, le mystère de l'objet même du but à atteindre, appartiennent à la grâce de l'espérance. Et le bonheur nous surprend, nous bouscule, sinon il n'est pas bonheur. Ce n'est jamais le produit d'une recette, d'un simple exercice. Il faut des milliers et des milliers d'années de désirs courant le monde, heurtant de plein fouet l'obstacle, dévalant les montagnes à gravir, pour faire le bonheur. C'est un peu ça l'attente de Noël. On ne sait jamais très exactement ce que l'on a dans le cœur, ni quel est vraiment l'objet de notre attente si vive. Ni surtout si l'on aura le courage ou la patience simplement d'attendre cela ou celui qui vient. On se dit même parfois, une nuit, il faudrait ne pas croire. Il arrive aussi de penser, c'est une folie. Le vrai conte de Noël raconte d'abord combien notre vie n'a de valeur que si nous la soumettons entièrement à cette attente et à cette poursuite. N'oubliant jamais les blessures dont cet espoir nous déchire, avec tout à la fois le désir fou d'y croire et la peur de ne jamais y parvenir. On se souvient d'une vieille histoire, celle de Moby Dick la baleine blanche invisible, et du chasseur Achab, personnage biblique réinventé par le romancier Melville, qui traque non pas la bête elle-même mais l'objet insaisissable de son désir, proche en cela des vrais mystiques. Ils n'ont aucune faim de la proie elle-même. Ce qu'ils veulent à tout prix c'est croire. La proie qu'ils traquent est ce qu'ils ne voient jamais mais qu'ils finissent par croire avoir vu à force d'en tenir l'existence pour certaine. Et cet acte de foi, fou et souvent désespéré, les entraîne de l'autre côté d'un paysage perdu. L'attente de Noël c'est aussi cette épreuve. Celle de l'espérance. Ce monde à venir que tu attends, ce temps qui vient et que tu espères, est déjà là dans ton espérance, disait autrefois le grand Maimonide. Quand viendrait le Messie ? On ne sait ni l'heure ni le jour. À quoi le reconnaître ? Certains le voyaient roi ; d'autres guerrier, prêtre ou prophète. Selon leurs espoirs, leurs rêves mais aussi leurs peurs et leurs angoisses. Tous l'attendaient mais tous n'attendaient pas ni de la même façon, ni la même personne, ni pour les mêmes raisons. Les Écritures nous rappellent que l'on s'interrogeait depuis longtemps. Qui était Celui qui viendrait nous délivrer ? Le Talmud donne de curieuses réponses. Une étoile matinale. La jeune pousse d'un arbre. Le souffle de nos narines. Un homme tourmenté et méprisé qui porte nos maladies. L'ange de l'Histoire. Un ange nouveau qui rassemblerait les débris de la catastrophe. Comment viendrait-il ? Le Talmud répond : le Messie viendrait sans que l'on y prenne garde. Comme une idée neuve qui jaillit, ou comme la piqûre d'un scorpion. On racontait aussi que le prophète Élie avait reconnu le Messie parmi les pauvres et les malades, à l'extérieur de la ville (Jérusalem ou Rome, selon les versions). Et qu'à la question : quand viendras-tu ? le Messie avait répondu : aujourd'hui. Élie ajoutait : Aujourd'hui… mais si vous entendez sa voix ! Le Messie peut entrer par la porte de l'Histoire à chaque instant. Si nous sommes capables de le voir et de l'entendre parmi les oubliés de nos propres histoires. Oh mes amis, nous n'attendons personne, du fond de notre mélancolie et de notre peur de l'échec, mais quelqu'un nous attend là où précisément nous n'imaginons pas que quelqu'un puisse nous attendre et venir nous chercher. Les chimères que nous poursuivons indéfiniment ne sont là que pour détourner notre espérance. Mais peut-être que sans elles, sans les créatures monstrueuses de nos peurs et de nos renoncements, nous n'apprendrions rien de la belle et dure réalité de l'espérance. N'est-ce pas cela qui peut changer nos vies ? Entendre une voix dans le noir nous annoncer : quelqu'un est là.

Quelqu'un est venu. Mais c'est à nous, mes amis, de décider si nous sommes encore assez libres pour l'accueillir parmi nous. Et j'aurai sans doute encore cette pensée : est-ce bien lui que j'attendais ? Jusqu'à accepter d'être attendu depuis toujours par lui.

L'expression de nos désaccords

4 janvier 2019

Et maintenant ? Pourquoi ne pas inverser le cours habituel de nos divisions et commencer, cette année, par nous dire ce que nous avons en commun de possible, plutôt que de nous retrancher derrière ce qui nous sépare ? Sachant que la difficulté d'une vie commune est d'accueillir l'expression de la solitude et de la séparation. J'en entends ricaner certains, mais l'expression récente de nos désaccords dans l'espace public s'explique aussi parce que nous avons failli devant cette tâche. Pour faire apparaître ce qui est commun à tous, il faut d'abord se porter vers la vie des autres, jusqu'à écouter nos désaccords, entendre nos solitudes. Le sentiment de déclassement, d'injustice est l'expression d'un monde qui ne se donne pas à vivre comme monde commun possible, parce qu'il a renoncé à l'effort d'imagination nécessaire pour franchir l'obstacle de nos solitudes et de nos égoïsmes. Il ne suffit pas de rappeler abstraitement des valeurs ou des projets communs, encore faut-il travailler à rendre possible cette communauté entre nous. Il ne saurait y avoir, je pense, d'espace public si chacun ne fait pas l'effort d'imaginer la vie des autres, les existences qu'il ne partage pas forcément et avec lesquelles il n'est pas forcément en accord. Puis-je accepter d'imaginer ce que représente vivre avec moins que rien ou pas grand-chose, vivre avec un handicap, sans travail, sans logement ? Mais aussi vivre avec d'autres idées que les miennes, d'autres convictions ? Un tel effort est destiné à éclairer quelque chose du caractère public de notre vie commune, de sa tragique diversité, et de la profondeur avec laquelle toute communauté, politique, amoureuse, religieuse, amicale, tient à cet acte d'imagination de l'autre jusque dans son opposition ou son abandon. Comment la vie serait-elle quelque chose de partagé si nous n'exprimons jamais nos différences et nos désaccords ? Je crois qu'il s'agit de la signification la plus haute de ce que le christianisme propose avec le dogme de l'Incarnation : répondre à cette peur d'être humain confronté à d'autres que moi. Ce que nous dit le Christ tient à ceci : être humain, ce n'est pas aspirer à être le seul humain mais c'est une aspiration qui vise les autres au même titre que moi, aspirer à être vu comme humain à travers la vie des autres, ennemis ou amis. Et croire à Dieu, comme Fils et Christ, c'est comprendre qu'il n'y a de divinité que de prendre sur elle d'être humain, dans cet acte spirituel absolu qui est d'imaginer l'autre vie, dans toute sa solitude et sa différence, jusque dans la chair et l'histoire de toute vie humaine. Sachant à quel point nous sommes des êtres seuls. Et c'est cela que nous avons à opposer à la folie si contemporaine de vies humaines divisées par les disparités, les inégalités d'origine, de conditions, de développement — folie sous-jacente au désir de dénier finalement l'exigence de destin commun. Oui, mes amis, la vérité est que nous sommes réellement dans notre humanité la plus radicale, séparés et divisés. Que nous construisons des communautés qui finissent par abandonner ou négliger l'urgence de notre présent d'humanité commune. Et nous préférons fragmenter toute communauté en une multitude d'intérêts sinon opposés du moins divergents, avec la naïveté coupable et ridicule de penser que ces petites communautés isolées pourraient coexister tant bien que mal dans un déséquilibre permanent. Oh il n'y a pas de limite à notre séparation, et c'est la raison pour laquelle nous devons répondre de tout ce qui s'interpose entre nous, de tout ce qui nous divise, et répondre sinon de l'avoir causé et voulu, du moins d'y avoir persévéré. Toute vie est la vie de tous, précisément parce que nous ne partageons pas toute vie, et que notre devoir est de nous y intéresser si nous voulons par nécessité, et pourquoi pas par amour, vivre ensemble. C'est-à-dire non pas effacer toute différence, toute solitude, toute singularité, mais vivre soi avec le souci de l'autre vie. L'amour est peut-être ce qui effraie nos politiques publiques, ce qu'elles ne calculent pas. Comme parfois nos politiques privées, familiales et sentimentales. Il n'est jamais si facile d'aimer. Il ne peut y avoir de communauté sans traverser la solitude de chaque existence, sans faire l'effort de nous projeter humblement dans la vie de l'autre pour la relier concrètement, matériellement, à nous. Pour qu'il y ait un bien commun, il faut que chacun d'entre nous puisse demander à tous d'envisager sa vie. L'amour en politique serait cette forme d'attention à l'autre vie qui conditionne toute vie publique. On ne peut se contenter de multiplier les intérêts privés, considérons plutôt collectivement que toute existence est digne de l'intérêt commun. Et qu'aucun intérêt commun n'est possible si nous refusons l'expression de nos désaccords.

La petite boutique d'humanité

10 janvier 2019

Les débuts d'année sont souvent rudes. Il y a tout ce que l'année précédente n'a pas réussi à démêler, et tous les secrets, toutes les difficultés, énigmes, épreuves qu'elle a déposées sur le sable de nos existences ballottées dans les vagues. Maman répète ça régulièrement, « la vie est compliquée ». Pourtant sa vie à elle s'est aujourd'hui réduite à une infinité de riens répétés, presque transparents. Mais nos vies sont jusqu'au bout le lieu fragile et précaire de ces batailles obstinées, parfois grandioses mais le plus souvent obscures, et sans que jamais nous n'ayons vraiment la certitude ni d'avoir vaincu, ni d'avoir totalement échoué. Saurons-nous toujours aimer les uns et les autres ? Et nous-mêmes pourrons-nous compter sur leur amour ? Comment concilier désirs, devoirs, envies ? Où trouver la force d'avancer de quelques pas supplémentaires ? J'ai gardé de mon enfance le souvenir de soirées opaques, embrouillées comme des pelotes de fils, où aucun d'entre nous ne savait comment ni égayer un peu les autres, ni démêler les brins de cette existence enchevêtrée et formant de minuscules nœuds inextricables. Dans la petite boutique de chaque vie humaine, on aimerait bien que tout soit rangé impeccablement, toutes les nuances distinctes de la joie et du chagrin, de la réussite et des échecs. On voudrait y trouver, sans chercher trop longtemps, une solution à chacun de nos problèmes, une réponse simple à nos questions. Mais on reste souvent bredouille, empêtré dans notre embrouillamini de fils. On est alors contraint de fouiller jusque dans l'arrière-boutique, mal éclairée, et dans un désordre dont on ne sait trop s'il nous irrite, nous effraie ou nous émeut. Épiceries sentimentales, bazars de l'existence, merceries désertes tenues par les mêmes vieilles personnes, dernières à savoir où se trouve quoi dans des tiroirs en désordre. Personne, à moins d'y être contraint, ne tient à se rendre dans ces sombres entrepôts de nos cœurs ou de nos âmes. Ces petites boutiques d'humanité où chacun tente avec maladresse de tirer un bout du fil de sa vie et de ses pelotes innombrables qu'on appelle désespoir, découragement, jalousie, dispute, rancœur ou tristesse… L'idée finalement n'est pas tant d'en trouver la fin mais d'avoir la patience de détricoter chaque jour un petit peu plus ces fichues pelotes. Et d'avoir la curiosité de visiter le clair-obscur de nos magasins, d'y fouiller nos sentiments mal rangés, nos émotions, nos projets perdus, nos désirs vains mais tenaces. On y croise une vieille femme fatiguée, qui ressemble étrangement à maman aujourd'hui. Elle laisse retomber silencieusement ses mains usées, épuisée du peu de succès de ses efforts. Ou une de nos filles qui vient d'acheter un beau métrage d'une soie rouge d'amour. Qu'en fera-t-elle ? Ou encore cet ami malheureux perdu dans ses pensées, avec sa pelote de laine noire qu'il serre contre son cœur. On y croise parfois des gens patients et bienveillants qui passent leur temps ainsi, au fond de nos petites boutiques d'humanité, à démêler tous nos désordres vivants. Des inconnus souvent. Quelqu'un de serviable. Des soldats anonymes sur le front ténébreux de nos vies. Certains ont de grands ciseaux argentés et coupants. Ils nous font un peu peur. On comprend alors que certaines blessures sont nécessaires. On découvre que le fil de la vie est ainsi fait de nœuds, de coupures, de raccommodages souvent rapides, pas très bien réalisés ni très solides. « Ça durera ce que ça durera », disait drôlement maman en recousant boutons arrachés et reprisant les vêtements déchirés. Tant de choses ne tiennent qu'à un fil, un fil usé par endroits, refait de mille et un fils multicolores. Une marchandise invendable, pense-t-on certains soirs. Mais elle est à nous. C'est notre vie. Et ce qui est étonnant, c'est que nous ayons encore la force et le désir de rafistoler tout ça, de fouiller dans l'arrière-boutique pour y dénicher le petit brin de fil qui nous sauvera. Et nous tirera un temps d'affaire. Dans l'obscurité, dans le désordre, le plus réconfortant c'est de faire partie de ces gens-là, avec nos habits d'arlequin, cousus de différents morceaux d'humanité, de pièces rapportées. Méfions-nous des boutiques claires et richement garnies, ordonnées, avec de belles étiquettes lisibles sur tant de choses désirables. Allons plutôt faire un tour dans les arrière-boutiques. Vous n'y apprendrez pas les secrets du bonheur ni les recettes de la réussite, mais aurez à cœur d'y recoudre vos secrets les plus difficiles avec indulgence et douceur. Et vous saurez que ce bricolage de l'âme est préférable au chaos du refoulement. C'est là, tout au fond de cette petite boutique d'humanité, que nous venons rêver, tenter, réparer nos vies. Une forme d'écologie, finalement. Préserver ce qui doit l'être, même si en apparence ce n'est qu'un petit bout de fil sans queue ni tête. Ça tiendra bien une année encore.

La face cachée de la Lune

17 janvier 2019

Un petit robot chinois, du nom de Lapin de jade 2, a commencé à arpenter la surface lunaire douze heures après son alunissage réussi sur la face cachée de l'astre célèbre qui illumine nos nuits terrestres. Cette Lune que nous saluons d'en bas nous montre toujours la même face. C'est un phénomène que l'on appelle « verrouillage gravitationnel ». Ce sont les forces de gravité exercées par la Terre sur notre satellite qui ont contribué à ralentir sa rotation de façon à le maintenir dans cette position avec une même face dirigée vers nous. La Lune tourne sur elle-même dans le même temps qu'elle tourne autour de la Terre. De nuit en nuit, quels que soient la saison ou l'hémisphère duquel on l'observe, la Lune nous montre toujours la même face. Les premiers hommes qui ont pu observer directement la face cachée de la Lune sont les membres de l'équipage d'Apollo 8 ayant fait le tour de la Lune en 1968. Ce *far side*, comme disent les Anglais, ce côté lointain, est constellé, nous dit-on, de petits cratères mystérieux. Lapin de jade 2 devrait ainsi nous en apprendre davantage sur l'histoire de notre satellite. À bien des égards, nous ressemblons à de tels astres. Petits satellites humains qui nous efforçons de montrer toujours la même face à nos contemporains autour desquels nous tournons, plus ou moins dans le même temps. Nous avons tous un *côté lointain*. Un hémisphère que nous redoutons d'avoir à explorer ou que nous n'imaginons même pas être à nous. On devrait peut-être tous un jour ou l'autre partir à la découverte de ce lointain nôtre. Attention, comme la Lune, cette face cachée ne signifie pas pour autant qu'elle n'est jamais éclairée. Je ne confonds donc pas *far side* et *dark side*. Nous avons tous un pays inconnu, un espace lointain et sans lequel nous ne tournerions pas rond, pour reprendre une expression favorite, et agaçante, de ma mère quand l'un de nous semblait échapper au contrôle familial : « Tu ne tournes pas rond. » Cet espace qui ne se montre pas n'est pas forcément sombre. Il appartient plutôt, pour moi, aux lieux imaginaires et fantaisistes de l'enfance. Nos espaces intimes de jeux, d'échappées, de rêveries.

C'est souvent cette face-là que les gens sérieux et sévères s'emploient à tenir dans l'ombre. Pourquoi revenir aux lieux oubliés de nos désirs enfantins ? La force de gravité de l'existence nous contraint souvent à nous fixer hors des plaisirs de l'imagination et de la fantaisie. Cette faculté de voir, enfant, ce qui est invisible. De croire à tout ce que nous pouvons imaginer. Or ce sont bien deux faces d'un même astre qui, si nous les séparons, peuvent créer de graves conflits. Souvenez-vous, mes amis, comme les enfants semblent toujours se frayer un chemin à eux dans ce qui nous paraît souvent être un chaos d'idées ou de représentations. Ils aiment croire aux histoires qu'on leur raconte mais croient aussi à de multiples histoires souvent contradictoires. Un enfant peut aimer croire au Père Noël tout en sachant que ce sont ses parents qui achètent les cadeaux. Ou croire à ce qu'on veut bien lui raconter sur sa naissance et savoir malgré cela que les bébés grandissent dans le ventre de leur mère. L'enfant possède une immense capacité de croyance parce qu'il visite constamment les deux hémisphères de sa jeune vie. Et le *far side* peut devenir *dark* précisément si l'exploration est empêchée d'une façon ou d'une autre. Disons-nous, adultes, que ce que nous ne montrons pas de nous-mêmes, ce sont souvent ces régions oubliées, interdites depuis l'enfance, et dans lesquelles nous n'avons pu vagabonder librement, errer et nous perdre. Il faut donc explorer la face cachée de la Lune. Retrouver le goût de l'aventure et passer de l'autre côté du miroir. Mais il faut aussi apprendre à en revenir. Sincèrement, mes amis, j'en suis là, aujourd'hui, rêvant de la face cachée de la Lune. J'aimerais faire comprendre à ma fille, mon adolescente, que nous ne nous connaissons jamais entièrement. Qu'il y a en nous de nombreux hémisphères invisibles auxquels nous ne prêtons pas attention, volontairement ou non, et qui décident aussi de nos révolutions dans l'existence. Une peur, un désarroi, un chagrin violent ont peut-être leur origine là-bas, du *côté lointain* de nos vies. Je suis saisi par cette pensée. C'est une vérité dérangeante qui nous dépossède de nos stratégies de protection, une des grandes énigmes de la vie humaine telle que la résumait avec force le psychanalyste Georg Groddeck : « L'homme est vécu par quelque chose d'inconnu » (*Le Livre du Ça*, 1923). Ne pensons pas que nous n'avons qu'à vivre notre vie. Nous avons à l'explorer sans relâche, à l'interroger jusqu'à comprendre que nous ne sommes humains que d'être vécus par l'inconnu de toute existence. C'est aussi la vérité de Job, dans la Bible, qui reconnaît, au bout de son désespoir et de sa longue plainte, « ces merveilles dont je ne sais rien » (Jb 42,3).

De petites particules bleues entre les dents

24 janvier 2019

Son nom s'est effacé des mémoires. Elle s'appelle aujourd'hui B78. C'est ainsi que les archéologues ont archivé sa sépulture. Elle a vécu au XIIe siècle en Allemagne, près de Mayence, dans la petite ville de Dalheim. Dans un monastère. Au départ, il s'agissait d'étudier les régimes alimentaires des gens au Moyen Âge. On cherchait à mieux comprendre les maladies dont une femme, comme elle, pouvait alors souffrir. On a examiné ses dents, analysé les plaques fossilisées, le tartre dentaire. Au microscope, dans le laboratoire de recherches, on découvre que le tartre de cette inconnue du Moyen Âge, qui avait passé sa vie dans un monastère, est composé de milliers de particules bleues. « Un bleu vif semblable à la couleur d'un œuf de merle d'Amérique », précise l'homme au microscope. Du jamais-vu. Les chimistes ont confirmé : bleu comme du lapis-lazuli que l'Europe médiévale faisait venir à grands frais, par les routes de la soie, des montagnes de l'Hindu Kuch, aujourd'hui en Afghanistan. Le lapis-lazuli, pierre rare composée de différents minéraux précieux (lazurite, phlogopite et pyrite), était utilisé à l'époque comme pigment précieux pour les enluminures des manuscrits bibliques. Après de nombreuses vérifications, on peut affirmer que cette moniale avait dû consacrer sa vie à la copie et à l'enluminure de ces manuscrits. Et pas n'importe lesquels puisque le fameux pigment bleu était si onéreux, si rare, qu'il était réservé pour les motifs et les sujets les plus importants. Une femme copiste, à la tâche dans les scriptoria. Il apparaît que des femmes, depuis longtemps, ont occupé la fonction de scribe, d'enlumineur, fonction que l'on a toujours tenu à représenter par des moines, des hommes. Mais en réalité des femmes scribes il y en eut depuis les origines de l'écriture. Jusqu'en Égypte et Mésopotamie, dès l'époque paléo-babylonienne (début du IIe millénaire avant notre ère). Pour certaines, on a même pu retrouver leurs noms qu'elles inscrivaient selon la tradition parmi la liste de témoins figurant sur les tablettes. Il s'agissait souvent d'actes de ventes, de procès, de litiges, de contrats de fermage… Voici quelques noms : Tulid-Samas, Sat-Aya, Nig-Nanna, Inanna-ama-mu, Sîma-ahati, Nin-azu… Ces femmes vivaient dans la ville de Sippar, au sud-ouest de Bagdad, un important sanctuaire consacré à Shamash, le dieu du soleil, un site qui a livré des dizaines de milliers de tablettes cunéiformes gravées par des femmes. Aujourd'hui, un peu de poudre bleu outre-mer calcifiée entre les dents d'une moniale vient nous rappeler l'illusion majeure sur laquelle trop souvent nous avons édifié nos histoires, et nos représentations de l'histoire. L'écriture n'a pas été exclusivement réservée aux hommes. Les connaissances non plus, celles très nombreuses qu'il fallait acquérir pour copier, enluminer. Ces femmes oubliées méritent aujourd'hui d'être considérées. Je ne serais pas étonné si, à l'avenir, on ne révisait pas notre lecture de certains textes anciens, y compris les textes bibliques. Certains ont dû être rédigés, compilés, augmentés par des scribes femmes. Et j'aime cette histoire qui superpose ainsi plusieurs réalités. Quelques particules bleues dans la dentition d'un squelette médiéval européen nous entraînent en Orient et nous font réviser nos vieilles illusions. J'imagine à présent un scriptorium, il y a plus de mille ans, entièrement occupé par des femmes silencieuses attachées à la copie et à l'enluminure de manuscrits… L'une d'elles, peut-être plus rêveuse que d'autres, porte régulièrement à la bouche son pinceau qu'elle a auparavant trempé dans une poudre bleue. Elle est très loin de se douter que dans mille ans l'étude de sa dentition réveillera une histoire oubliée : le rôle joué par des femmes scribes dans certaines communautés religieuses du Moyen Âge. Si nous voulons mieux connaître notre histoire, il faut apprendre à jouer plusieurs parties à la fois, comme des joueurs d'échecs qui renouent tantôt avec l'une, tantôt avec l'autre. Nous ne devons jamais imaginer qu'une partie puisse être finie. Nous ne devons jamais croire que notre connaissance du monde soit close. Il existe, dans les temps anciens, les temps archivés, des inconnues qui nous attendent pour relancer la partie. C'est-à-dire aussi que le passé n'est jamais véritablement passé. Il porte en lui l'avenir de notre monde. Car c'est depuis notre incertain présent que nous cherchons dans le passé de quoi réinventer l'avenir. La vie d'une morte aux dents bleues aura réveillé notre vision de l'histoire, brisé l'étanchéité illusoire de l'avant et de l'après, et celle de nos représentations fermées, de nos *a priori* derrière lesquels nous croyons protéger notre destin.

Ces mots que je n'ai pas su prononcer

31 janvier 2019

Oh mes amis, mes amis, j'aurais voulu lui parler ce soir-là. Il y a quelques jours de cela quand elle m'appela au secours. J'aurais voulu trouver les mots, ceux qui m'échappaient précisément parce qu'ils étaient les mots qu'il aurait fallu prononcer pour dissiper son cauchemar. Mon corps, mon impatience, ma culpabilité, et jusqu'à sans doute le lourd et fragile fardeau de ma paternité, faisaient soudain obstacle aux mots qui apaisent. Oh mes amis, je n'ai pas su, je n'ai pas eu ce courage-là : vaincre le silence, briser ou dissoudre la nuit entre nous. Je l'ai sentie si mal, si perdue, comme égarée dans la perte elle-même qu'aura creusée le deuil pour le restant de ses jours. Me serai-je perdu moi aussi alors dans la sombre forêt de sa jeunesse blessée ? Je l'ai sentie sous une accusation obscure mêlant la vie et les autres, quand les liens familiers de la vie même paraissent nous étrangler. Les mots m'ont échappé et ceux qui me sont revenus furent les mots d'une autre, ceux de la poétesse américaine Emily Dickinson : « Ma Vie — Fusil Chargé ». Et me voici aujourd'hui devant vous, mes amis, sur cette éphémère page de papier, à la fois seul et parmi vous, cherchant aussi à partager quelques mots avec vous mais incapable de vous parler d'autre chose que de cette chose-là du chagrin, de la honte de n'avoir pas su, pas pu trouver les mots que je savais pourtant là, en moi, à ma portée, et pourtant brutalement dans la nuit face à elle, ma petite adolescente, ces mots inaccessibles comme des diamants noirs. Et moi devant elle, cette nuit-là, cherchant silencieusement où avait bien pu passer la confiance. Celle qui fait vivre et parler. Parce qu'il n'y a pas d'autre foi que celle-là, pour recommencer, réamorcer, entamer de nouveau. Quelques mots que l'on adresse à l'autre dans son malheur. Quelques mots capables de traverser, de transpercer l'ouate épaisse du chagrin, et faire ensemble l'expérience la plus émouvante de l'amour, celle qui nous conduit à comprendre que nous naissons plusieurs fois, dans la parole échangée. C'est ainsi que j'ai repensé à la bouleversante déclaration du Christ à Nicodème dans l'Évangile de Jean : « Ne sois pas étonné si je t'ai dit il faut naître d'en haut ou de nouveau (*anothen* en grec, qui peut signifier à la fois en haut, depuis longtemps, encore…). » Oh je partage l'étonnement, ou la stupeur, de Nicodème. Naître c'est donc être appelé à renaître encore, de plus haut, du plus loin de nos commencements ? J'ai deviné quelque chose. J'ai su qu'être né *encore, d'en haut et de nouveau* ne voulait pas simplement dire renaître mais choisir de reprendre la vie, à son origine, de sortir littéralement par le haut de nos impossibilités à naître, à vivre. Hélas, ce n'est qu'à présent, seul et parmi vous, que reviennent à mes lèvres ces quelques mots que j'aurais aimé lui dire à l'oreille dans le noir de sa chambre pour ménager une petite voie possible à cette renaissance. Je lui aurais dit, non, tu n'es pas obligée de te battre pour tout. Tu n'es pas obligée de tout supporter, de tout comprendre. Ni de tout porter à bout de bras. Et tu n'es pas obligée non plus de fuir avec les ombres qui t'assaillent. Tu peux rester là sans rien faire. Tu n'as rien à te reprocher. La vie n'est pas ce regret ou ce reproche. La vie n'accuse pas. Elle t'attend elle aussi, elle reprend toujours. Tu peux espérer doucement que le jour revienne. Je serai là. Je suis là.

Est-ce que tout se passera bien dorénavant ? Je ne sais pas, ma chérie. Comment en être sûr ? On peut au moins se le promettre, toi et moi. Et lui dire aussi que je comprenais très bien ce sentiment déchirant de n'être qu'un réfugié dans sa propre vie. Et dire encore qu'on ne peut jamais guérir sans assumer ce qui nous a blessé. Nous avons le pouvoir ou la tâche de vivre, pas ceux de mourir. Ces mots ne sont pas sortis de moi au moment où je sentais qu'elle les attendait sans les connaître. J'ai préféré penser aussi ce soir-là qu'elle les avait peut-être entendus dans le silence. Nous sommes des porteurs de mots. Nous sommes faits de mots. Ne pas être en mesure de les prononcer ne signifie pas forcément que nous n'avons rien dit. Les mots, petites présences muettes, traversent les murs et les cœurs comme des fantômes ou des anges. Je lui aurais dit aussi pour l'endormir, tu es comme le vent qui souffle sur la mer. Tu es ce lac dans la vallée. La petite étincelle d'un grand feu. Celui de la vie qui nous fait naître et renaître et qui, oui, un jour nous emportera jusque dans la nuit étoilée. Et si devant l'obstacle nous devons penser qu'il n'est jamais trop tard, reconnaissons que c'est au prix parfois d'une profonde angoisse. Qu'adviendra-t-il ? Que les mots alors nous accompagnent jusqu'au bout.

« Au bruit de la mer et des flots »

14 février 2019

Les défis écologiques auxquels nous sommes confrontés, collectivement certes, mais à l'échelle de la planète de façon profondément inégale, devraient nous conduire à revisiter notre lecture et notre interprétation des Écritures. La première encyclique du pape François, *Laudato si*, nous y encourage. Nous sommes arrivés à ce point où, semble-t-il, doit s'éprouver la véracité d'une théologie biblique selon laquelle nous appartenons à un monde créé par la Parole. Or nous ne vivons pas, suis-je tenté de dire, dans le monde de la *création*. Nous ne vivons pas avec la préoccupation du monde qui nous accueille et auquel nous participons. La pression sur les ressources de la terre est gigantesque et, alors qu'il serait urgent qu'elle ralentisse, elle tend même au contraire à s'accélérer et à s'accroître, à radicaliser les injustices. Nous prenons conscience de la dégradation inouïe de ces ressources comme de nos territoires de subsistance et de vie commune sans pour autant nous entendre sur les conséquences. Nous sommes en quelque sorte *sortis* du monde de la Création par la Parole, comme l'annonçait le récit de la Création lui-même (Gn 3). Ce sont nos propres aveuglements, atermoiements et paradoxes qui écrivent l'apocalypse que nous disons redouter. Il faudrait retrouver la tension de la parole prophétique qui oppose notre capacité de nuisance à notre capacité d'agir bien et de façon belle. Ainsi le prophète Jérémie, littéralement : « Comment seriez-vous capables de bien faire quand vous êtes exercés à créer de la nuisance (à porter préjudice) ? » (Jr 13,23). Il y a bien deux capacités en conflit : faire bien, beau ; ou nuire, dégrader (en hébreu, *ra`a`*, porter préjudice, être nuisible, faire le mal). Un chrétien reconnaîtra ici notre condition de pécheur. Ce déchirement que Paul énoncera personnellement d'une façon fulgurante (Rm 7,15) : « Mes actes je ne les comprends pas. Je n'accomplis pas ce que je veux et je fais ce que je hais. » N'est-ce pas notre situation contemporaine devant le désastre écologique, devant *notre* désastre ? Le péché porte sur notre situation dans l'histoire et dans la chair du monde. C'est notre condition de finitude, celle d'avoir à vivre historiquement parmi les autres vivants, les autres créatures, de participer à cette fragilité, corps vivant parmi les corps vivants, et je dis bien alors tous les corps vivants puisque nous affirmons que la Création tout entière est créée par la Parole. Ce qui ne signifie pas littéralement que nous pensons que le monde fut ainsi créé, mais que par cette affirmation nous signifions, d'une manière plus contraignante et engageante encore, que nous sommes responsables (selon l'aspect performatif de la parole humaine) de ce que la Création fut créée. Pour vivre, nous ne pouvons pas ne pas agir, mais nous savons qu'aucune action n'est sans conséquences susceptibles de la remettre en cause. Et cette impuissance de notre volonté nous jette dans la fatalité. Je me souviens d'un magnifique enseignement du bibliste Paul Beauchamp que j'ai eu la chance de connaître. Le péché, ce sont nos limites, nos paradoxes, qui se révèlent à mesure que nous agissons, et que nous existons historiquement. Mais c'est surtout, disait-il, « ce qui nous met en fatalité ». Se reconnaître pécheur, c'est accepter sa responsabilité de vivant dans cette mise en fatalité du monde. Ce n'est peut-être pas la fin du monde et de sa Création que nous affrontons mais notre propre fin comme créatures de ce monde et de cette Parole à laquelle nous nous disons attachés. C'est notre condition de pécheurs, notre fascination pour notre propre déchéance, notre impuissance fatale à faire confiance à notre capacité de bien et de justice. Notre honte de pécheurs, comme le couple originel, devant notre nudité, notre chair, et celles du monde, devant notre fragilité de vivants parmi les vivants. Notre volonté de nous dissocier de la poussière et de notre finitude. « Nous oublions nous-mêmes que nous sommes poussière », écrit le pape. Souvenez-vous, mes amis, c'est le langage des récits de Création. Sortir du péché, c'est donc reconnaître que nous nous sommes éloignés de notre condition de créature. « Nous ne savons quoi faire au bruit de la mer et des flots », au bruit des affres de la Création, pour reprendre Luc dans un discours apocalyptique de Jésus qui résonne étrangement aujourd'hui : « Il y aura des signes dans le soleil, dans la lune et dans les étoiles. Et sur la terre, il y aura de l'angoisse chez les nations qui ne sauront quoi faire (*aporia*) au bruit de la mer et des flots » (Lc 21,25). Témoins conscients de ces catastrophes, nous demeurons comme ne sachant pas. Le mot *aporia* n'apparaît qu'une seule fois dans les Évangiles ; il signifie être sans ressources, dans l'embarras, dans le besoin, ne pas savoir de quel côté se tourner. Il a donné en français aporie, difficulté, contradiction insoluble. Cette contradiction à laquelle nous renvoie le mot péché, et que vient nous rappeler de façon totalement inédite la crise écologique. Notre finitude dans l'histoire, dans la chair du monde, plutôt que d'être l'image de notre embarras, devrait nous rappeler à l'infini souci du vivant. Pour la foi chrétienne, l'apocalypse n'est pas tant une parole sur la fin du monde que sur la fin du péché comme mesure fatale de l'Histoire.

Le crépuscule de la parole

21 février 2019

Maman me dit qu'elle va comme elle peut. Elle a regardé la télévision et me confie : « On est devenus fous. » Une de ses phrases favorites, ces derniers temps. Elle parle de nous tous, collectivement, de notre petite famille plutôt éclatée, et de nous tous socialement aujourd'hui, divisés, pas au meilleur de notre forme. Elle s'associe, dans la fatigue, l'éloignement de son grand âge, à ce qu'elle perçoit de la rumeur folle et harassée du monde. Je lui demande pour quelle raison elle me dit ça. Elle ne m'entend pas. Je ne sais pas comment, mes amis, vous vivez cette période de conflits qui s'accompagne aussi d'un délitement des valeurs, des idéaux, et d'un relâchement des pires pulsions des uns et des autres. Un tel parfum de délitement. Quelque chose de pourri dans le fruit du bien commun. Tags antisémites répugnants et lâches, injures sur la voie publique et intimidations, appels grotesques et pathétiques à la sédition lancés par de tristes petits Tartarin politiques, apprentis révolutionnaires et complotistes… On ne peut même pas y voir l'expression subversive d'une authentique culture populaire carnavalesque qui jouerait sur les renversements des valeurs et des codes. Non. Le langage est triste. Le rire est banni. L'autodérision inexistante. Tout est envahi par un formidable, et ô combien ridicule, « esprit de sérieux ». Certains me diront que c'est inévitable dans de tels moments de crises et de désarroi. D'autres se moqueront de tant de sensibilité, et rappelleront les exigences de justice sociale à l'origine de ce chambardement. Mais sommes-nous bien certains, sincèrement, que cette déliquescence complaisante, cette violence des propos, cette pornographie de l'expression et des sentiments servent les exigences de justice sociale ? Je pense exactement le contraire. En laissant se propager ce qu'il faut bien désigner comme étant une forme de confusion mentale, on asséchera toute possibilité de réponse juste et courageuse aux besoins de dignité sociale et humaine dans un climat crépusculaire de confusion générale. Et finalement, malheureusement, cela pourrait bien profiter surtout à ceux qui préfèrent rester sourds à ces besoins et qui y ont tout intérêt. Ils sont nombreux. Nous vivons sans doute une crise de la dignité sociale. Nous avons rompu le lien politique entre le besoin et la dignité. C'est-à-dire entre le besoin (manger à sa faim, donner une éducation à ses enfants, vivre correctement de son travail, pouvoir se loger décemment, avoir la capacité de se déplacer…) et le prix que nous sommes collectivement prêts à lui reconnaître. Quand nous devrions attacher la plus grande attention à la fragilité du bien entre nous, nous nous rendons plus misérables encore. Une démarche politique doit nous faire comprendre notre relation au bien commun et s'engager sur ce front-là — comme les liens entre le fait d'être bien nourri, bien logé et le fait d'être libre, entre l'intégrité physique et l'action morale… Le caractère pressant et central de tels devoirs, c'est la tâche du politique. Cela demande de reconnaître les fragilités des uns et des autres, la précarité souvent des systèmes sociaux et économiques que nous construisons. Mais aussi de reconnaître la fragilité de nos relations, la diversité de nos équilibres communs. En reconnaissant ces vulnérabilités et leurs relations avec des actions sociales, nous sommes encouragés à une vie commune, qui passe par une distribution et une redistribution convenables des biens matériels de telle sorte que chaque citoyen les possède en quantité suffisante, mais aussi par un souci constant des nécessités qui nous rassemblent. Ce que je veux dire, c'est que là où la pulsion se libère, la parole gratuite et violente se multiplie, l'espace politique se fissure sans doute parce qu'il a lui-même déserté son combat, pour nous laisser dupes soit de la rationalisation économique égoïste, soit de la violence elle-même et de nos propres divisions. Je me souviens soudain que maman nous disait autrefois : « J'espère que dans la vie vous ferez mieux que nous. » C'était terrible. Qu'elle puisse nous souhaiter cela nous paraissait évident mais c'était terrible, oui. Comme une vraie preuve d'amour et de sacrifice. Car il n'est pas certain que ce soit ce qui s'est passé. Je veux dire qu'on ne peut mesurer la vie à celle qu'on dit avoir eue ou qu'on espère avoir ou qu'on nous aura souhaitée. C'est la vie qui nous possède avec toutes nos défaillances. Et notre tâche collective, pour retrouver la confiance entre nous, est de penser aux questions de la vie, à toutes celles que la société doit affronter, à la justice sociale entre nous, comme à l'amour et aux soins que nous devons aux enfants, aux malades, aux personnes âgées, et au respect d'autrui.

La gloire de ton père et ta mère

28 février 2019

Ma tristesse reste fidèle au poste. Je veille sur elle, plus d'une année déjà, comme on veille sur quelque fantôme familier en lui demandant de ne pas trop déranger. Je me répète que je dois prendre le temps de rendre visite régulièrement à mes parents, très âgés, souvent malades. Je ne le fais pas vraiment. Je retrouve avec culpabilité le commandement biblique « Honore ton père et ta mère… » (Ex 20,12). Je le découvre plus émouvant encore que dans mon souvenir, en le retraduisant : « Fais la gloire de ton père et ta mère en prolongeant tes jours dans la poussière (*adamah*) où Yhwh Dieu t'a assigné (d'où tu viens) » ; en hébreu, *nathan*, donner mais aussi fixer, désigner, assigner. Je ne suis que poussière, et dans la poussière mes jours viennent grossir la gloire, l'éclat de mes parents (*kavad* en hébreu, littéralement ce qui est lourd, qui pèse, d'où la gloire, les honneurs). Légèreté du vivant convoqué par sa futilité même au devoir, et à la peine. Paradoxe ou difficulté : on ne peut rendre hommage à autrui que depuis la vanité des jours qui passent dans la poussière. Pourquoi prolonger ses jours sur cette terre ? Pour rendre gloire à ceux qu'on aime. Et dans le Talmud, je retrouve l'injonction de la visite des malades, *bikur holim*. « La visite d'un malade lui enlève un soixantième de sa maladie et le manquement à ce devoir peut entraîner la mort du malade » (Traité *Nedarim* 39b-40a). Les commentaires pleuvent. Visiter le malade est un commandement sans limite. Rabbi Akiva n'hésite pas à dénoncer : « Qui refuse de visiter un malade se conduit comme qui verse le sang. » Un meurtrier… La nuit progresse. Les fantômes demeurent. Est-ce qu'il s'agit de signes des temps ? Une étape vers le jour, la lumière ? Régulièrement le Talmud nous met en garde, les choses terribles que nous vivons peuvent être interprétées comme les signes avant-coureurs des douleurs de l'enfantement du Messie. Mais si nos difficultés et nos reniements, nos souffrances, sont à compter comme ce qui prépare la délivrance, il n'y a pas d'autre sagesse que dans ce paradoxe : bien que le mal fait et subi soit le signe de la proximité messianique, ce n'en est pas moins son antithèse absolue. Je dois combattre la noirceur, le crime, en connaissance de cause, comme ce qui annonce la délivrance possible et à la fois m'en éloigne. On lit aussi dans le Talmud : « Le Messie viendra quand on ne l'attendra pas. » Littéralement : « quand l'esprit sera tourné ailleurs » (Sanhédrin, 97a). Lorsque la bassesse triomphera, ce qui fera douter de nombreux croyants de l'éventualité même de la délivrance, « … au point où ils désespéreront de la délivrance ». C'est l'instant qui précède immédiatement sa concrétisation. Le Talmud enseigne alors : « Que doit-on faire pour se voir épargner les douleurs (de l'enfantement) du *Machia'h* (messie) ? S'investir dans la Torah et les bonnes actions. » Lutter de toutes nos forces contre l'obscurité ambiante en intensifiant la lumière des commandements. Puisque nous n'avons de gloire à rendre que depuis la poussière de la vie et de la mort. Il est très peu question de morale, finalement. Le peintre Vincent Van Gogh lisait la Bible. Dans une de ses lettres à son frère Théo, il écrivait : « Si je lis (la Bible), je le fais parce que ces hommes voient les choses avec une vue plus large. Mais je me souviens fort peu de tout ce verbiage sur le bien et le mal, sur la moralité et l'immoralité. En vérité, il m'est impossible de savoir en toute circonstance ce qui est bien ou mal, ce qui est moral et ce qui ne l'est pas. » Non, la Bible ne parle pas de tout ça, en effet. Elle parle de l'attente du bien dans la traversée des épreuves. Le sujet de notre foi, c'est l'attente, la patience. L'ordre d'une pensée que nul ne peut fixer vraiment. Désirer la délivrance, avoir envie que quelqu'un vienne enfin vers nous, et suive nos pas dans la poussière. Toute la force de la pensée messianique est là, je pense. Elle résonne dans ce vers du Cantique des cantiques que le Talmud de Babylone, toujours lui, interprète comme messianique. « Par gazelles / et biches des champs / Je vous prie filles de Jérusalem / Ne réveillez pas / ne réveillez pas Amour / Avant envie » (Ct 2,7). Je cite dans la belle traduction lapidaire d'Olivier Cadiot et du regretté Michel Berder (Bayard, 2001). Et si l'objet de notre attente dans la nuit, l'objet de notre endurance dans l'épreuve, c'était l'envie ? L'envie de plaire, de faire, de jouir, selon les significations du mot hébreu *chaphets*. Réveillez amour quand l'envie est là. Pas avant. Ne réveillez pas l'amour avant le plaisir. Le Messie ne s'éveille que du plaisir que nous attendons de sa venue. C'est aussi une leçon d'érotisme contre les abus et la violence. Pour voir naître l'amour, il faut cultiver le plaisir. Alors oui, les ombres se dissiperont.

Solitude de la démocratie

7 mars 2019

Oh mes amis, c'est en démocratie que nous sommes seuls. Parce que démocrates, nous savons qu'on ne peut l'être au-dehors d'elle. Et que la démocratie, c'est accepter la solitude d'y être, d'y tenir, malgré les foules, les agrégats, les puissances qui voudraient forcer la démocratie à ce qu'elle n'est pas. La solitude de la démocratie, c'est une solitude sans quoi sa souveraineté ne se produit pas. Une souveraineté de tous qui passe par la liberté de chacun, qui se construit surtout par le respect de chacun, de l'inviolabilité solitaire de chaque personne. On n'a jamais tous raison en démocratie. C'est impossible. Les règles que l'on reconnaît nous imposent de chercher l'accord commun viable, acceptable, à travers la contradiction, l'opposition, le débat critique. Nous ne nous accorderons pas tous, car c'est cela la gloire fragile de la démocratie, et nous ne chercherons surtout pas à nous accorder tous pour respecter la diversité vivante des consciences et des sentiments qui fait cette grandeur. Mais nous trouverons toujours un accord pour que tous puissent respecter, dans un temps et un cadre donnés, tout en exerçant une vigilance libre, une critique nécessaire. Vivre en démocratie, c'est préférer cette imperfection majeure à des accords totalitaires, à des généralisations forcées, à des aplanissements de la vie commune. Le démocrate se trompe, chute, reprend, bifurque, invente. Cette solitude est partagée. La démocratie nous l'offre comme espace à franchir, comme une épreuve de conviction, de reconstruction. La grande différence, c'est qu'en démocratie votre solitude ne doit pas vous expédier en prison ou en exil. Votre solitude se vit avec les autres, parmi tous ceux qui habitent ensemble avec vous une même cité. Contrairement à ce qui se dit ici ou là, le mot démocratie ne se limite pas au *pouvoir du peuple* (*kratos* en grec, « force, souveraineté, puissance », et *demos*, « peuple », mais au sens d'une assemblée de personnes qui vivent ensemble, dans un même espace), il désigne la souveraineté de ceux qui acceptent de vivre ensemble. La démocratie, ce ne sera jamais la force aveugle de quelque peuple que ce soit, c'est d'abord la puissance que donne l'accord de vivre ensemble dans un espace donné, avec des règles acceptées, partagées, et susceptibles d'être transformées. Oh non, mes amis, efforçons-nous de ne pas quitter la souveraineté de ceux qui habitent ensemble. On ne peut pas se situer hors de cette souveraineté fragile et imparfaite. La force d'un peuple n'est pas celle d'un tyran. La force d'un peuple est nécessairement faite de solitudes, de désaccords, de doutes, d'oppositions, qui s'expriment et se vivent dans cet ensemble-là. Toute démocratie se construit sur des assemblées, des délégations, des associations, des représentations. Il n'y a pas, il ne peut pas y avoir de démocratie parfaite, directe, absolue et transparente, ou ce n'est plus la démocratie. Il y aurait, entend-on, un peu partout dans le monde, une crise de la représentation. Et l'obsolescence de la « vie politique » en est le signe le plus manifeste. De nombreux citoyens, comme l'on continue à dire, semblent ne plus vouloir se reconnaître dans l'État, constitué par des structures de sauvegarde assurant la cohésion nationale dans son fondement juridique. On dénonce aussi une dérive économique que les institutions ne parviennent plus à corriger. Comme si le droit commercial s'émancipait toujours davantage du droit civil auquel le liait le droit romain. La réalité économique libérale induit de nombreuses déréglementations, qui peuvent finir par créer une dynamique d'hémorragie hors du cadre juridique. C'est ainsi qu'une démocratie peut vaciller. Situations nouvelles avec la mondialisation économique, dérives des influences internationales quand on continue à raisonner en termes d'empires, et subsistance de règles juridiques internes aux nations qui finissent par ne plus rendre compte ni de ces dérives, ni de ces transformations de notre vie commune. Ne faudrait-il pas reprendre le chemin de l'invention démocratique ? Retrouver une souveraineté entre nous de l'expression fragile de nos inquiétudes. Ne pas laisser la contestation de notre vivre-ensemble n'être qu'un appel subversif jamais certain de son accomplissement, et ne relevant que d'une parole marginale et pour finir violente. Le chemin vers davantage de démocratie ne peut être que celui qui nous conduit à accepter notre solitude parmi les autres, et à défendre cette précarité obligée, précieuse, de nos accords toujours à renouveler. Qui se souvient encore du serment révolutionnaire de 1789 : « être inséparablement unis, s'aimer toujours, porter secours à ses frères en cas de nécessité où besoin sera » ? Mais tout serment d'amour et d'union, pour durer, pour grandir, doit être répété toujours, et dans la conscience aiguë de ce qui nous divise, de ce qui nous ébranle, nous inquiète.

Peut-on cesser de douter de soi ?

14 mars 2019

Tu connais les mots que tu aimerais dire mais tu ne les diras pas. Tu préfères garder une certaine réserve. Tu sais ce qui se passe. C'est une situation banale, après tout. La nuit tombe. Tu hèles un taxi dans la rue. Tu veux rentrer vite, te cacher en somme. Récemment, tu as lu ce que le romancier américain Herman Melville écrivait à 15 ans à son frère, alors qu'il venait de quitter la maison familiale pour travailler dans une ferme, chez un oncle, à Pittsfield, dans le Massachusetts : « De tous ces projets magnifiques que j'ai faits pour ma vie, il ne reste rien. J'aimerais affronter un grand danger et cesser enfin de douter de moi-même. » Mais tu n'as plus 15 ans depuis longtemps. Et tu n'as jamais pris vraiment cette habitude d'écrire à tes frères. Est-ce que seul « un grand danger » pourrait te rendre à une sorte d'adéquation avec toi-même ? Les dangers que tu as déjà traversés, pour la plupart, tu ne les avais pas cherchés. *Douter de soi*, cela t'est familier. Et tu n'as jamais vraiment trouvé quelle relation claire établir entre toi et les autres. Souvent, tu dis aux autres ce que tu imagines qu'ils veulent entendre de toi. Tu penses qu'il faut bien céder à une forme de comédie sociale. Mais tu en éprouves aussi une forme douloureuse de déchirure. Tu vois, comme dans un mauvais rêve, Achille se dresser contre toi et répéter à ton attention ce qu'il dit dans l'*Iliade* : « Il m'est odieux comme les portes de l'enfer, celui qui cache une chose dans ses entrailles et en dit une autre » (chant IX, 312-313). Ton ventre se tord. Qui ose avouer qu'il souffre souvent de l'image qu'il s'est fait de lui ? Ou qu'il croit que les autres se font de lui. Tu aimerais aussi confier cela à ta fille, ton adolescente, tourmentée et prise dans l'hyperconfidence des réseaux sociaux. Elle aussi pense que ce qu'elle est et ce qu'elle vaut ne correspondent pas à ce que les autres lui reconnaissent. Elle aussi souffre de l'écart entre son être véritable (ce qu'elle imagine tel) et son être social, l'image d'elle véhiculée sur les réseaux, par exemple. Ta fille t'a écrit récemment, après une dispute entre vous : « Je ne suis pas forcément celle que tu crois. » Tu t'inquiétais à tort d'une certaine superficialité. Tu lui demandes pardon. Tous, nous passons par des masques, des affabulations. Quel besoin, quelle nécessité avons-nous de dissimuler ou de nous cacher ? Peut-on faire différemment ? Nous souffrons du désir de coïncider avec nous-même et de la difficulté d'y parvenir, d'authenticité (fantasmée, souvent) et de dédoublement. Un grand homme vient de mourir le 4 mars dernier, Jean Starobinski. Médecin, psychiatre et écrivain. Tu avais suivi certains de ses cours, dans le temps. Dans un très beau livre, il s'interrogeait sur les souffrances de Stendhal, entre transparence et dissimulation. « Pourquoi suis-je moi ? » demandait Stendhal, nous rappelait Starobinski[1]. Il s'interrogeait. Quelle image de soi nous fait alors si peur ? Pourquoi vouloir à tout prix se démasquer ? Tu ne dors pas. L'insomnie est souvent attachée aux troubles de la personnalité, aux incertitudes de l'identité, à la perte de confiance en soi. Les masques appartiennent à la nuit. Tu es souvent gêné par l'aplomb des autres, leur assurance quand ils parlent d'eux. Même si tu sais pertinemment que c'est aussi un leurre. Une façon d'esquiver la confrontation avec le double, avec la perte de soi. Tu sais que le célèbre vers de Rilke, cité souvent à tort

1. *L'Œil vivant*, Gallimard (1961), 1999.

et à travers, « perdre nous appartient », signifiait cela. On ne se possède pas, on ne possède que la perte de celui ou celle que nous pensons être. Nous sommes faits de plusieurs visages. Ils s'effacent et réapparaissent parfois. Tu n'écoutes plus vraiment ceux qui font profession de condamner les apparences. Derrière trop d'appels à la sincérité et à la transparence, il y a souvent quelques gouffres qu'on voudrait cacher. Plus je cherche à me connaître, « moins je m'entens en moy », écrivait déjà Montaigne à la fin de sa vie (*Essais*, III, XI). Tu aimes l'idée de *s'entendre en soi*. Il s'agit peut-être moins d'image et de masque que de voix, et d'écoute. Enfant, tu ne supportais pas les adultes qui opposaient ces mots à tes faiblesses : « Il s'écoute un peu trop. » Non, je ne m'entends plus très bien et ne me suis jamais très bien entendu avec ou en moi-même. Sans doute faut-il préserver la possibilité de ne pas être ce que l'on est. Savoir humblement que c'est une éventualité. On voudrait être entier, plein, sûr de soi. Nous ne sommes que vide et tremblement. Ton adolescente te confie qu'elle voudrait tant que tu sois heureux. Qu'elle a besoin de savoir que tu vas bien. Tu voudrais lui répondre que tu préfères sentir le bonheur des autres et non pas ton propre bonheur. Tu te tais. Tu lui souris. Tu comprends que vous vous ressemblez beaucoup.

La panthère noire de Toutankhamon

4 avril 2019

Est-ce l'approche de Pâques, le printemps qui s'anime et s'étoffe, la percée de la lumière du jour qui imperceptiblement s'étire dans ma chambre au réveil, mais je me sens doucement sortir du noir. J'ai envie de remercier pas mal de monde. Merci de m'avoir tenu la main. Même si vous ne le saviez pas. Par pudeur je ne dirai pas ici qui m'a accompagné, qui m'a aidé à traverser la nuit. Je tairai vos noms. Mais je dédie tout particulièrement cette petite chronique à une personne silencieuse, aimante et solaire, qui se reconnaîtra. J'ai senti que certains d'entre vous étaient présents près de moi. Merci d'avoir marché à côté de moi en ne parlant pas précisément de ce que vous auriez eu envie de dire ou demander. Votre silence est venu habiter le mien pour l'apaiser. Et je réalise à peine aujourd'hui que le silence de mon père, si présent pendant l'enfance, et que j'ai longtemps redouté comme un poids obscur qui aurait écrasé notre petite famille, a eu en réalité cette force-là. Un abri sans injonction particulière. Un retrait qui autorise à ne rien dire, de n'avoir rien à affirmer ou dénier. Ni horreur ni délivrance. Je comprends que grâce au silence de mon père j'ai construit le mien. Chaque personne devrait être ainsi appelée à bâtir sa maison de silence, apprendre à y séjourner. Oh mes amis, nous savons bien sûr, nous l'avons parfois chèrement appris, qu'il y a dans toute vie des silences effrayants, parfois assassins. Ces silences dans lesquels est venue se loger comme un fauve blessé la peur de l'enfance. Je crois d'ailleurs que je me suis mis à écrire pour ça. M'adresser enfin à ce silence immense d'une vie, fabriqué du silence paternel et de celui infantile, parfois autiste, mineur, du petit garçon que je suis toujours. Traquer dans la forêt de l'enfance les fauves que nous avons oubliés en grandissant. Et quand la vie nous met violemment au pied du mur, quand elle nous repousse dans la nuit archaïque de nos fondations de chair et d'effroi, il est des fauves, mes amis, des fauves silencieux que l'on retrouve et qui nous guident pour traverser la nuit. L'humanité, depuis longtemps, a tenu à inventer des formes pour affronter le chagrin ou la peur. Pour imaginer comment franchir ou appréhender cette chose irréalisable et qui barre la vie. La mort. La disparition. Le désespoir. L'effacement de la lumière du matin. Cette méditation m'est revenue en visitant une exposition consacrée au plus énigmatique des pharaons, Toutankhamon, de la XVIIIe dynastie, oublié par ses successeurs et exhumé par Howard Carter en 1922, avec dans son tombeau plus de cinq mille pièces extraordinaires. Le voyage du pharaon dans l'au-delà était semé de dangers. Des armes, des bijoux précieux et des objets familiers l'accompagnaient dans sa tombe pour y faire face. Faites attention et vous découvrirez une statuette figurant Toutankhamon posée sur le dos d'une panthère noire, animal censé voir la nuit et pouvoir ainsi aider le pharaon dans son parcours à travers les ténèbres. Bouleversante de maladresse, la statuette ne chevauche pas la bête mais elle est simplement déposée raide sur le dos de l'animal qui devait l'accompagner dans son chemin vers la renaissance, et déjouer les dangers. Nous sommes ainsi de petits équilibristes raides et muets sur de grands fauves noirs aux yeux d'ambre surgis de notre enfance. Avec stupeur, nous comprenons alors que l'enfance nous a naturellement disposés, au cœur de sa sauvagerie et de sa liberté, à imaginer des solutions de grandeur aux problèmes et aux obstacles, parfois les plus terribles, que la vie nous pose. Quelle panthère m'aura ainsi porté, immobile et foudroyé dans la nuit ? Comme un roi antique légendaire, comme un enfant perdu. Non, mes amis, la vie n'est jamais un résumé des épisodes précédents. Disons que la vie se charge de nous l'apprendre, durement. Et quand le jour revient, comme je l'ai éprouvé physiquement hier dans mon lit au réveil, nous ne sommes plus certains de savoir très bien naviguer dans la lumière. La panthère s'est éclipsée. Elle nous aura déposés sur le rivage heureux. Mon cœur se serre. Est-ce que j'ai seulement une mer, un océan sur quoi naviguer ? Je vais dire une chose difficile mais la vérité est souvent dans les choses difficiles. Aucune règle morale ne suffit jamais à nous faire traverser la nuit, quand s'effondre notre capacité à vivre la vie comme tout le monde, avec ce grand égoïsme paisible qui fait les existences sages. Chaque existence doit un jour ou l'autre faire appel à cette jeune panthère noire, animal totem déjà chez les Sioux ou les Cheyennes pour lesquels la médecine de la panthère noire permettait aux êtres humains d'affronter leurs peurs et leur noirceur, et indiquait comment explorer les territoires obscurs de toute vie humaine pour affronter courageusement l'inconnu, quand enfin le matin revient.

Le taureau mon cœur

11 avril 2019

Drôle de rêve, la nuit dernière. Devant moi s'étendait un cirque de pierre effondré. On distinguait encore vaguement la forme d'origine. Au centre de l'arène détruite, un animal brutal et resplendissant prêt à charger. Il me fixait de ses yeux d'or. Il semblait m'inviter au combat. Je ne comprenais pas. Je suis souvent lâche, oh mes amis. Quand je l'ai entendu me dire, raclant de ses sabots le sable où tant d'anciens combats furent menés : Tu es là où se trouvent un jour ou l'autre tous ceux qui n'ont jamais pu prendre la décision ultime. Je ne peux vous révéler avant la fin de cette chronique comment je me suis échappé du rêve, mais je me suis vu, dans cette arène, sous les traits dérisoires du petit garçon hésitant et bégayeur que je fus à Nice dans les années 1960. J'avoue que je suis poursuivi par la question de savoir finalement si j'ai bien eu le courage dans ma vie de trancher, de décider, pour avancer. Ce combat-là, l'ai-je bien mené ? Mon indécision, mes peurs d'agir et de dire, d'où viennent-elles ? De quelle part blessée de mon enfance ? Je m'interroge sur ce que ma mère et mon père ont pu me transmettre du courage, ou plus douloureusement, ce qu'ils n'ont pu, par faiblesse ou compassion devant la violence de la vie, me confier de leurs propres combats menés ou avortés. Ont-ils pensé que je finirais bien par trouver seul l'ardeur nécessaire qu'ils souhaitaient secrètement que je découvrisse en moi ? Je ne sais toujours pas, sincèrement, si cette ardeur se transmet à nos enfants. Je voudrais découvrir la source du courage de vivre. Celle de traverser les épreuves. Face au taureau de mon rêve, d'une noirceur lustrée comme certaines nuits d'été où nous avons le sentiment que tout peut basculer, je sais que se jouait dans mon cœur le drame de la vie. Accepter la lutte, recevoir la charge ou renoncer. Et peut-être, oh mes amis, que vivre dignement ne tient qu'à ce oui donné au combat, au mystère vivant et furieux qui nous fait face jusqu'à la fin. Moins le combat lui-même que le seul affrontement. Ce qui se dit régulièrement dans la Bible dans l'expression en hébreu *panim al panim*, face à face, visage contre visage. Fixer la bête qui nous fait peur et découvrir dans son regard notre propre visage. J'observe aujourd'hui mes quatre filles grandir, pénétrer dans le labyrinthe de l'existence contemporaine. Qu'emportent-elles de la puissance nécessaire pour avancer que je leur aurais donnée ou confiée, moi qui si souvent ai préféré reculer, temporiser ? Platon, dans un texte bouleversant de *La République*, décrit cette « force qui sauve (littéralement : qui prend soin de) l'opinion juste, la décision conforme au Bien, sur ce qu'il faut craindre et ne pas craindre, que j'appelle courage » (430 b). Force à entretenir dans les chagrins, les plaisirs, et dans les peurs. Je crois que nous pouvons, que nous avons le devoir même, de tenter de transmettre cela à nos enfants, mais cette transmission est aussi un combat à mener contre nos propres errances. Je crois aussi que ce courage de vivre, chacun est appelé à le trouver seul, enfant, à l'insu de ses parents et maîtres, dans tout ce que nous avons mis au rebut, dans la décharge de nos frayeurs et de nos renoncements. La décision de vivre, d'affronter la vie vivante, est un trésor caché dans les poubelles de l'histoire comme dans celles de nos petits foyers que nous voudrions naïvement voir protégés de murailles infranchissables. Pour que transmission de la vie vivante il y ait, il faut laisser venir le taureau dans l'arène, cette force brute qui nous effraie, et accepter de se tenir face à lui — le désir de vivre — comme au bord du gouffre. Dans ce face-à-face, nous pouvons nous souvenir de nos parents, de tous ceux qui nous auront guidés sur le chemin de l'existence, mais nous savons que pour finir nous serons seuls face au courage de vivre, de décider de vivre. Dans mon rêve donc, au moment où je voyais le taureau foncer sur moi, je m'éveillai brusquement. Cette arène à moitié détruite et gagnée par les herbes folles du temps, c'était ma vie. J'avais en rêve fait face à ma propre peur de vivre. Et ce taureau brillant de sueur, c'était mon cœur qui me défiait. Qui me demandait de repousser toutes les peurs glacées et moites, les pensées dangereuses, les ombres que je n'avais pas voulu affronter et que je ne pouvais plus éviter. Fonçant sur moi, le taureau mon cœur m'a rejoint pour nous réconcilier, moi et le petit garçon que je suis toujours. Maintenant je sais que toutes mes peurs n'ont pas besoin d'être vaincues mais combattues, je dois m'en souvenir. Il faut que je le dise à ceux que j'aime. Toutes les nuits que nous avons à traverser ne réclament pas forcément la lumière, toutes les bêtes qui nous effraient et viennent nous défier ne nous chargent pas pour nous détruire, mais pour nous réconcilier avec nous-mêmes, avec notre propre cœur déchiré.

Notre-Dame de Paris, ce que dit le feu

18 avril 2019

Cette nuit-là, le feu nous a davantage rappelé une promesse que pris quelque chose. L'île de la Cité, à Paris, est devenue l'île des larmes dans le monde entier. Le feu nous a pris quelque chose devenu racine mais nous a rappelé que cette part de nous-mêmes est en même temps fragile et essentielle, menacée par le temps. Oh mes amis, notre mémoire commune était ce paysage familier, mais cette histoire partagée, sans l'avoir tous vraiment apprise, est soudain mise en question dans la catastrophe. Paysage qui dans les flammes et le charbon laisse réapparaître comme des significations silencieuses. Le feu vient éprouver sous nos yeux la permanence de notre histoire, sa résistance, sa pérennité. Nous en avions oublié que nous vivions dans le temps et que nous sommes soumis à la fragilité, à la précarité des choses comme des êtres. Ce drame nous permet de comprendre que ce que nous partagions passe aussi par ce que Proust appelait des « puissances autres », que le feu a mises à nu. Et que la vie dans ses drames et son inattendu se charge de ranimer alors même que l'habitude et le temps ont émoussé notre horizon commun. Je voudrais dire simplement aujourd'hui que Notre-Dame de Paris est davantage que le monument dont nous pleurons les blessures. Ce fut à la fois un rêve d'humilité et de grandeur, d'adoration et de fierté. Un rêve comme un vaisseau immobile bâti dans la pierre et le bois, avec la passion et l'art des hommes, avec leur prière et leur foi, mais aussi avec la sueur, la fatigue, la mortelle usure du travail d'innombrables ouvriers et artisans. Pour beaucoup de femmes et d'hommes, depuis plus de huit cents ans, cette cathédrale a été un lieu de refuge, de silence, de protection, de conversion, de prière, d'admiration, de révolte aussi. Oh mes amis, j'entends, dans son horreur, l'incendie qui nous interpelle. Qu'avez-vous fait, nous demandent les flammes de cette nuit de semaine sainte du 15 avril 2019, qu'avez-vous fait de ce lieu d'adoration et de partage ? Qu'avez-vous fait aujourd'hui de l'Église qui l'a bâti ? Les sirènes des pompiers, les commentaires en boucle assourdissants des télévisions, les cris de stupeur n'ont pas couvert pour moi l'interrogation gigantesque du feu. Avez-vous en ce lieu même toujours défendu les valeurs évangéliques d'hospitalité, de tolérance, d'amour des faibles, des exclus et des persécutés ? Le feu a rappelé que Notre-Dame est un lieu de mémoire, un symbole d'histoire à partager, mais qu'il est comme tout lieu et tout symbole édifiés par les hommes, fragile et susceptible de passer. Nous en avions la garde et la veille, oh mes amis. Mais les pierres pour elles-mêmes ne sont pas nos valeurs. C'est l'inverse. Une cathédrale n'est cathédrale que des valeurs que nous servons avec humilité, en suivant le Christ, et avec lesquelles nous l'avons édifiée. Aux pierres nous donnons nos valeurs. Notre-Dame brûle. Et notre cœur gelé ? Les pierres menacent de s'effondrer, la charpente s'écroule. Et les corps sans vie des naufragés africains sur nos rivages ? Et les très pauvres hères de nos villes ? Et les massacres, les injustices inhumaines que nous laissons se perpétuer ? Pour rebâtir cette Dame de pierre qui est nôtre, il faudrait aussi rebâtir les fondations immatérielles de notre vie commune. Se demander pour qui, pour quoi avons-nous bâti des cathédrales, et quel peut en être encore aujourd'hui la mission ? Cette cathédrale n'a de sens que d'être une vigie sur les douleurs du monde. Nous ne sommes pas seulement les gardiens des pierres mais les gardiens d'une promesse. À quoi sert de pleurer la destruction de Rome et de ses monuments ? demandait déjà saint Augustin dès 410 à Carthage, apprenant la mise à sac de la ville par Alaric et les Wisigoths. Les réfugiés chrétiens en Afrique du Nord se lamentaient. Dieu n'a rien promis concernant les murailles et les vieilles pierres ! rétorquait Augustin. « Il ne s'agit pas ici de pierres ni de poutres, de grands immeubles d'habitation ni de vastes remparts. Tout cela a été construit pour un jour ou l'autre tomber en ruines » (Sermon 81, prononcé à Hippone durant l'automne 410 où Augustin fut le premier à parler explicitement de la ruine de Rome). *Aeterna promisit aeternus*, l'Éternel n'a promis que l'éternité. Promesse faite à l'humanité, pas aux pierres, explique-t-il encore un peu plus tard. « Dieu ne m'a pas promis que ces choses ne périraient pas, le Christ ne me l'a pas promis. L'Éternel a promis les choses éternelles » (Sermon 105, probablement l'été 412). Pourtant, il y a quelque chose à sauver de nous-mêmes dans les cendres de ce rêve de pierre. Ce qui fait que nous ne sommes pas seulement les gardiens des pierres mais les gardiens d'une promesse : vouloir un lieu si généreux que tout le monde puisse y trouver sa place, et pour reprendre de vieilles prières adressées à Notre-Dame, y trouver « le secours, le soutien de tous les pauvres affligés, la consolation de ceux qui pleurent, le remède des malades ».

« J'attends des nouvelles d'un ami qui a dû ressusciter »

25 avril 2019

Je ne sais pas pour vous, mais je suis toujours désemparé devant ce que nous appelons la résurrection. Cela me semble hors d'atteinte et relever du mystère ultime. Je me souviens de cette femme que l'on disait « un peu perdue », qui vivait dans une institution psychiatrique. Je venais la voir en rendant visite à des amis qui s'occupaient du centre. Elle ne paraissait pas vraiment malheureuse, plutôt préoccupée. Postée où qu'elle soit comme une vigie. On aurait dit qu'elle attendait impatiemment quelque nouvelle venue de très loin. Je lui demandai ce qu'elle guettait ainsi. Sa réponse, je ne l'ai jamais oubliée : « Il est déjà très tard et… j'attends des nouvelles d'un ami qui a dû ressusciter. » Derrière son inquiétude, causée par l'absence de son hypothétique ami, se tenait une autre inquiétude, plus abstraite, mais plus écrasante aussi, et devenue insupportable pour elle : *qu'il ne fût pas ressuscité.* Et plus encore, s'il l'était, qu'il ne lui donnât pas de signe. Je l'ai rassurée comme j'ai pu, avec maladresse. J'ai dû dire quelque chose comme il était important d'y croire, et que dans son cœur à elle, sûrement, cet ami avait déjà une place bien vivante. Que j'étais désolé. Elle a seulement ajouté en tournant son visage dans l'ombre du soir qui tombait : « C'est pour ça que je suis ici. » J'ai pensé plus tard à la phrase de Paul devant ses accusateurs, dans les Actes : « C'est pour la résurrection des morts que je passe aujourd'hui en jugement devant vous » (24,21). Quelle est cette chose irréalisable et inacceptable aux yeux des autres (mais pas seulement, à nos propres yeux également) et qui devient notre accusation ? Cette chose dont nous guettons avec inquiétude et doute, reconnaissons-le, les signes. Croire en la résurrection, ce n'est pas imaginer un monde autre que le monde réel où l'on ne perdrait plus ceux qu'on aime, ni attendre une autre vie, c'est plus étrangement compliqué que cela. C'est reconnaître non pas que l'impossible se réalise, mais qu'il est une affirmation possible au cœur même du monde sensible. Ce qui est difficile avec la résurrection des morts, c'est qu'on a beau lui résister, sa seule convocation dans le langage change imperceptiblement notre rapport à l'absence. Rend toute séparation moins affirmative. Nous n'avons plus aucune nouvelle de ceux qui ont disparu, mais leur absence est devenue mystérieuse, elle semble rejoindre sinon notre espérance du moins une curieuse impatience. Comme l'inquiétude folle de cette femme qui était d'espérer la possibilité d'un impossible. À nous de ne pas en faire un sujet d'accusation ou d'incompréhension. L'impossible n'est jamais donné mais toujours différé, et dans ce différemment quelque chose se passe. L'attente n'est plus un temps mort. L'attente devient événement. C'est parce qu'il existe comme objet de l'attente, parfois la plus brûlante (et non par référence à quelque chose de tangible, qui existe), que l'impossible peut nous mettre en route à sa suite, peut faire advenir, non pas lui-même qui n'advient pas, mais l'événement de l'attente qui est la chair sensible de l'impossible. Nous ne possédons l'impossible que de penser à lui. Dans son *Journal*, Kafka délivre cet étrange constat : « Aucun mot ne me parvient directement de son lieu d'origine. » Appliqué au mot résurrection, cela laisse entendre que nous n'avons pas à chercher une signification donnée au préalable mais à suivre le mouvement du mot dans son errance au cœur des choses sensibles. Il n'y a pas de *chose* résurrection que nous puissions attraper par un mot. Le grec du Nouveau Testament ne s'y est pas trompé puisqu'il nous offre au moins deux verbes pour désigner par analogie cet impossible-là (être relevé et être éveillé). « Pour tout ce qui est en dehors du monde sensible, expliquait aussi Kafka, le langage ne peut être employé que d'une manière allusive… car conformément au monde sensible, le langage ne traite que de la possession (*besitz* en allemand). » Nous ne pouvons en effet par le mot de résurrection traiter d'une quelconque *possession* d'une chose sensible. Ce que sans doute signifiait déjà le *Noli me tangere* du Christ à Marie Madeleine (Jn 20,17). *Ne me touche pas*, ou plus finement : *Ne me retiens pas, ne t'attache pas à moi*, selon les emplois du verbe grec (*haptomai*). Ne cherche pas à retenir l'impossible, le corps ressuscité. Oh mes amis, et si cette femme dont je me souviens aujourd'hui avait eu raison dans sa déraison ? Nous ne possédons rien de notre foi, mais ce manque, cette absence est le bien sensible de notre foi. « Mon amour a migré / il est passé de l'autre côté / Ma vie sortait de sa parole / Je l'ai supplié, impossible de le revoir / Je l'ai appelé, pas de réponse. » (Ct 5,6, traduction personnelle). Chaque existence est peut-être ainsi appelée à veiller sur le monde sachant que tout de ce monde ne se possède pas. Et que tout le sensible du monde est encore à venir.

La puissance de la vie (résurrection 2)

2 mai 2019

Longtemps je me suis tenu à distance de cette question. Et je n'ai été capable de répondre qu'un presque petit je ne sais pas. Mais aujourd'hui, je poursuis, grâce à vous mes amis, à vos lettres, avec cette question de la résurrection, ma petite méditation personnelle sur la possibilité d'y croire. Je m'étais précédemment arrêté sur la notion d'impossible, pensant possible de penser l'impossible (pardon), et que cette voie serait l'issue escarpée pour sinon y parvenir du moins l'envisager. Mais j'en arrive à m'interroger : sommes-nous toujours capables de supporter notre propre pensée ? N'est-ce pas alors cela, ce que nous appelons foi ?

Cette ténacité dans le combat d'avoir à penser l'impossible. Je sais que le mot combat en grec (plus exactement, le lieu du combat) est *agôn*, qui donne agonie en français. L'agonie du Christ est, pour moi, ce lieu où je dois lutter pour supporter ma pensée de ce que sont l'amour, la mort et l'espérance. Cela peut paraître abstrait mais je pense que c'est ce que j'ai vécu, comme tant d'autres personnes confrontées à la perte, à la disparition. Il y avait ces rêves, mes amis, ces rêves récurrents pendant des mois, où l'on revoit la personne aimée et disparue toute dans sa chair et sa lumière terrestres, avec des détails d'une précision assassine, de ces petits détails que l'on aurait pourtant imaginés indiscernables dans la nuit absolue (« thick night », « nuit épaisse », dit Lady Macbeth dans la tragédie de Shakespeare). Le rêve ne ressuscite rien ni personne mais, par la brûlure du manque, fait réapparaître l'autre de façon exorbitée, *impossible*. Dans ce même rêve, l'autre me demandait ce que je faisais là. C'est l'autre disparu à jamais qui s'inquiétait de ma désertion, de mon errance. Pourquoi n'étais-je pas resté là-bas avec les autres, avec notre fille et nos amis ? Qu'est-ce que je venais faire là, dans ce non-lieu ? Je me réveillais en sueur quand l'agonie, la lutte devenait insupportable. Je crois que par mon rêve je voulais enfermer la vie dans la prison de mon chagrin, et je me retrouvais moi-même prisonnier sous les yeux de celle que je recherchais en vain. Souvent, mes amis, nous faisons de la vie, dans notre désespoir, une petite prisonnière. Et je ne me retenais plus qu'à l'idée que ce qui avait été possible ne l'était plus, était devenu impossible. Mais la résurrection, son travail en nous, si je peux dire ainsi, commence quand cessent les rêves et les apparitions. Croire en la résurrection tient à ce renversement, que je vois dans la stupeur des femmes de l'Évangile devant le tombeau vide. Cette transe, littéralement *ekstasis* (c'est le mot qu'emploie l'Évangile, Mc 16,8) et qui chez les Grecs désignait d'abord un trouble de l'esprit, un dérangement et une inspiration sacrée. Une révolution de notre pensée : il n'y a plus d'impossible. L'impossible ne nous retient plus. Je comprends que se raccrocher à l'impossible était notre imperfection, notre manquement, au sens premier du mot péché. On ne me demandait pas de croire en l'impossible, mais de croire et penser que la vie était tout entière dans le possible du monde. Ce qui est radicalement différent de la perversion du rêve qui me faisait croire que ce qui était impossible était possible. Oh je sens bien que c'est très difficile à saisir, mais je dirais les choses ainsi : dans la foi en la résurrection, je n'ai plus à chercher à sauver l'être que j'ai perdu. Le rêve m'indiquait d'ailleurs que, croyant cela dans mon chagrin, c'est moi qui demandais désespérément à être sauvé par la personne que je disais vouloir sauver de la mort et de l'oubli. Croire en la résurrection me libère de l'impossible et me rend à la vie, à son infini possible. Pour parler comme saint Paul dans la Première Lettre aux Corinthiens, c'est une question de puissance, de *dunamis* en grec, qui se révèle dans l'écoute. Quand nous *entendons* ce que nous *montre* la foi (en espérance) — ce sont les mots de Paul. Comme les deux amis endeuillés et apeurés du Christ après sa mort et qui, sur le chemin d'Emmaüs, vont éprouver que le Christ est bien toujours là possiblement parmi nous. Il suffit de lire, de prier, de marcher ensemble et de se reposer ensemble, de s'aimer, et de servir les autres comme Lui-même s'est mis définitivement à notre service. Et ne rien conserver de ce qui fut vécu mais croire en la puissance qui fait vivre. Oui, la foi en la résurrection détruit tous nos conservatismes. Ceux de la peur, du ressentiment, de l'angoisse et du deuil. La résurrection nous confie au possible du monde. Ce qui s'est passé est bel et bien vivant. Je n'ai rien à conserver, tout est là avec la Vie. Oh je ne suis pas certain encore de tout entendre. Mais je garde à présent cette compréhension de la résurrection : le tombeau est vide, ce qui se passe est dans la vie en train de se vivre. C'est moi qui ai dû me redresser, me relever, dans le possible de la vie. Et tenir ainsi quelque chose de l'objet même de mon espoir. Condition pour être libéré de l'impossible.

Une fenêtre dans le ciel

9 mai 2019

Coup de fil de P., mon frère aîné. Papa est hospitalisé en urgence. Maman est perdue, soudain seule dans leur petite maison de la plaine toulousaine. Je l'appelle. Elle décroche mais semble ne pas réaliser ce qui se passe. J'entends sa tristesse affolée. Elle ne répond pas à mes questions et dit simplement : « Je vais rester près de la fenêtre. » Oui, elle va attendre là. Je voudrais lui dire ne t'en fais pas. Tout se passera bien. Mais rien ne sort, et de toute façon elle n'entend plus qu'un mot sur dix. Je me souviens bizarrement de mes deux tantes, les sœurs de ma mère, qui autrefois n'arrêtaient pas de nous mettre en garde, nous les enfants : « Ne touchez pas à la fenêtre ! » Crainte de nous voir tomber, salir ou briser un carreau. Ou pressentiment imaginaire d'une envolée possible comme les petits moineaux que nous guettions en rêvant, les heures d'ennui, par ces fameuses fenêtres. Ou bien méfiance obscure, sacrée, suscitée par la Lumière et le Dehors — petites divinités redoutables de leurs intérieurs.

Aujourd'hui, je vis à Paris, loin de Toulouse. J'imagine maman assise près de l'unique fenêtre du salon de leur pavillon, et qui donne sur un maigre jardin abandonné aux chats et aux oiseaux. Quels esprits, quelles présences fantômes portées par la lumière, et vêtues de ses rayons, maman pense-t-elle apercevoir à travers les carreaux vitrés ? Et porteurs de quelle consolation ? Il ne lui reste donc que cela, une fenêtre ? Un coin de lumière. Je suis ainsi fait, je ne peux m'empêcher d'aller fouiller dans les livres. Sans doute aussi pour distraire mon puissant chagrin. Isidore de Séville, évêque wisigoth du VIIe siècle, formidable érudit, donnait comme étymologie au mot fenêtre le grec *phôs*, lumière, et le latin *ministrare* (servir, organiser, régir). La fenêtre est ce qui régit, distribue et sert la lumière. Mais Isidore voyait d'autres étymologies possibles dont le verbe latin *fenero* qui signifie pratiquer l'usure, prêter avec intérêt. Une fenêtre prête la lumière, la retient en quelque sorte comme un gage. Quant à l'ancien français *fenestre*, il désigne un passage, une ouverture. Toute fenêtre est un lieu de décision entre le monde et nous. J'applique à cette méditation la parole d'Isaïe : « Qui forme la lumière et crée l'obscurité fait la paix et crée le mal » (45,7). Est-ce pour cela que l'on s'approche d'une fenêtre ? Avec cette ambivalence de qui ou quoi régit la lumière, l'encadre, et donc aussi l'obscurité. Je sais maman, là-bas, accrochée à sa dernière fenêtre, suspendue à ce jugement de la lumière et de la nuit, ultime croyance dans la conjuration du monde extérieur et de son désastre. Je rédige cette chronique et me souviens de Noé à l'intérieur de son arche imaginaire flottant sur la ruine de la Création. Je les associe librement, maman et le personnage biblique. Comme lui, maman est recroquevillée dans son arche fermée, figure poignante de la détresse devant l'obscurité du monde. Le hasard joue des tours heureux parfois. Je viens de lire le manuscrit formidable d'un écrivain sur sa mère (Philippe Michard), et que je publierai. Il cite dans un magnifique passage de son livre les commentaires rabbiniques qui s'étonnent que l'arche ne soit pourvue que d'une ouverture unique : « Tu feras à l'arche une fenêtre » (Gn 6,16). Une seule petite fenêtre ? Certains, munis d'un louable esprit pratique, préfèrent traduire par porte, mais le mot *tsohar* en hébreu, d'un sens incertain comme le rappelle Philippe Michard, est issu d'une racine verbale signifiant être au milieu du jour, *tsahar*, briller, éclairer, illuminer, d'où *tsahoraïm*, midi, et *tsahir*, clair, limpide. Ah la consolation des dictionnaires… Dans le mot, ajoute Philippe Michard, on entend aussi *tsar* qui signifie angoisse. Tout est là pour moi pour décrire la dernière et unique petite fenêtre vers laquelle maman se réfugie. Ouverture possible sur midi et l'angoisse. Je reprends le midrash (*Béréchit Rabba* 31), dans lequel rabbi Lévi explique que cette fenêtre solitaire c'était « une perle. Tous les douze mois où Noah était dans l'arche, il n'eut pas besoin, ni de la lumière du soleil le jour, et ni de la lumière de la lune la nuit, mais il avait une perle qu'il avait suspendue, et à l'heure où elle était claire, il savait que c'était le jour, et à l'heure où elle brillait, il savait que c'était la nuit. » Au cœur de la destruction, la « fenêtre » (*tsohar*) ne pouvant donner accès à une quelconque lumière extérieure devient elle-même lumière intérieure. Nos existences dans la catastrophe sont, comme l'arche de Noé, éclairées de l'intérieur. La nuit vient. Je ne sais rien de ce qui va échoir à tel ou tel autour de moi sinon les hardes de la vieillesse qui vient, et moi je pense à la fenêtre de ma mère, je pense oui à cette fenêtre, perle lumineuse que chacun aura cherchée toute sa vie et qu'il n'aura pas forcément trouvée, je pense à la lumière, je pense à nous qui dessinons des fenêtres dans le ciel.

Deux étoiles égarées

16 mai 2019

Maman répète les mêmes petites obsessions qui semblent à présent seules guider les heures de ses journées. Dès le petit matin, mettre la table pour le déjeuner sans parvenir tout à fait à trouver les objets familiers, tasses ou cuillères. S'interroger inlassablement sur le temps qu'il fait. Vouloir fermer les volets pour la nuit alors que le jour et la lumière inondent leur petit jardin en friche. Maman semble avoir déserté toute satisfaction. On dirait une petite fille déformée par le temps qui tente de se protéger en vain. Quelle puissance, quel monstre lui barre son minuscule chemin ? Son inquiétude ne croise que les objets muets de son monde clos. Parfois elle se penche sur moi, et la petite fille douloureuse qu'elle est devenue murmure *sotto voce* quelques mots réconfortants très anciens, naufragés d'une époque lointaine. La vieille langue entre nous poursuit ses quiproquos dans la poussière des souvenirs. Avale le silence qui nous unit. Se perd alors que rien ne paraît plus périlleux à présent qu'un geste, qu'une parole. Mes parents m'accueillent dans cette forme d'indécision où ils se trouvent, pétrifiés tous deux dans le mouvement impossible de l'autre, et à laquelle on devine la détresse du vieillissement. J'ai dû les retrouver en catastrophe, loin de Paris, dans leur pavillon près de Toulouse. Papa est sorti de la clinique, mais il a tenu à ouvrir la porte lui-même. Il est blanc et amaigri, il se déplace lentement. Je dois à la sincérité que je m'efforce de mettre dans ces chroniques de dire que j'aurais préféré ne pas venir, ne pas avoir à affronter ces moments-là. J'avoue, mes amis, qu'un terrible désir de fuir me tord le ventre. Je réprime avec culpabilité cette envie d'abandon. Mais je ne dois pas avoir peur de nommer ce que je ressens. Ce sont aujourd'hui face à moi deux étoiles égarées, les étoiles de mon enfance, qui se brouillent sous mes yeux. Je sais qu'elles ne seront plus là bientôt et que je me demanderai comment est-ce possible. Oh mes amis, je suis à ce point perdu dans ce moment présent que je ne conçois nulle bravoure à tenir ainsi les uns devant les autres sur la déchirure béante de l'âge. Il existe bien des formes d'amour et d'affection. Certaines personnes préfèrent ne pas entendre la violence qu'il faut traverser pour retenir à un fil un amour dévasté. J'espère qu'elles sont heureuses. Moi je tremble de ne pas passer cette épreuve. Peut-être est-ce là notre bravoure ? Accepter ce que tout amour rencontre un jour ou l'autre d'impossible. Peut-être l'amour n'aura jamais existé qu'à cet instant-là, exactement. Où il se disloque. Et s'interroge. « Pourquoi m'as-tu abandonné ? » (Ps 22) Le poète et traducteur de la Torah, Henri Meschonnic, écrivait lui : « À quoi m'as-tu abandonné ? » Dans l'épreuve, nous sommes abandonnés à quelque chose de dur. L'amour a toujours été en flamme. On ne le sait pas toujours sinon ce serait invivable. Je comprends que je rends visite à mes parents en cet instant où l'amour brûle tout. C'est un feu glacé, mes amis, un feu qui se nourrit de braises antiques, d'un charbon noir comme le passé heureux que nous reconstruisons. Oh ma mère. On a bien eu du mal à se trouver une langue commune. Alors on s'est tus. En se laissant caresser par la brise des mots imbéciles, des paroles toutes faites et légères que l'affection indéfectible d'une mère charge de tout l'impossible de l'aveu d'aimer ou de l'aveu de la difficulté à aimer. Confronté à la déchéance de mes parents, je suis confié à la violence de l'amour. Cette violence, ce descellement de moi-même, fait de moi une personne dans toute sa solitude et non plus seulement un *individu* — un mot dont par l'étymologie on connaît la limite : qui est non séparé, non divisé, autrement dit qui n'est pas ouvert, descellé par la blessure d'aimer. Pour tenir l'amour d'une vie, il faut passer beaucoup de frontières à la fois. Ne pas attendre la nuit, ne pas fuir devant la division du temps, son éparpillement, son étirement. Le soir, alors que mes parents dorment et qu'il m'est impossible de trouver le moindre sommeil, je regarde sur YouTube un des premiers films de Chaplin : *The Champion (Charlot boxeur).* Sur un ring, le célèbre petit vagabond, dans un short beaucoup trop grand pour lui, esquive tous les coups de son adversaire (ou presque). Il invente un ballet étourdissant et absurde dans lequel il sauve sa peau malgré ou à cause de son invraisemblable maladresse. Voilà l'image parfaite, à la fois féroce et tendre, de la bravoure. L'arbitre lui-même prend des coups. On s'élance dans un combat pour lequel nous n'étions pas préparés, et notre courage s'allie drôlement à notre incorrigible étourderie et à notre couardise. Ce désir de fuite, d'abandon, Charlot le mime dans un combat qui finit par rendre le face-à-face aimable jusque dans la dérision de son accomplissement. Maman lève les yeux sur moi, me regarde et me dit, désabusée : « Oh mon chéri, tu as vieilli, tu sais. »

Cette chose impossible entre nous que l'on appelle la parole

23 mai 2019

Quelle est cette chose impossible entre nous que l'on appelle la parole ? S'interroger sur ce qu'est la parole, c'est aussi s'interroger sur ce qui nous manque quand nous avons la parole. Ce que je nomme, je ne le possède pas mais, le nommant, je raconte que cela existe. Je ne peux tout être et tout avoir. Mais en parlant, je raconte que je mets ma confiance dans ce manque que découpe et désigne la parole, et qui fait pour moi monde. Je dis lumière et lumière il y a. Je ne possède pas la lumière, je raconte que je fais l'expérience que la lumière existe, et je raconte avoir confiance en cette existence. L'être humain parlant est celui qui doit s'expliquer ce bien et ce manque à la fois. Avant ma propre parole, il y a toujours d'abord la rencontre de la parole d'un autre. Quel est le lien qui unit cette personne à la parole qui sort de sa bouche ? La forme invisible de la parole fait apparaître son humanité. La vie a précédé la parole, il y eut en quelque sorte la conquête de la vie par la parole, mais l'humanité de l'homme sera de reconnaître que la parole précède la vie. C'est pour moi la signification du mot évangile : la parole inattendue qui bouleverse mon attente de la vie, en m'annonçant que la Parole est le sujet de ma parole. *Évangile* signifie que la Parole se raconte à nous et fait de nous ses propres narrateurs. Parler, c'est accueillir la Parole. Récemment, devant la détresse de ma mère vieillissante, sa façon inaudible d'exprimer son désarroi, je me suis senti redevenir le petit enfant bègue que j'ai été à 4 ou 5 ans. Impuissant devant la tâche de parler, incapable de faire advenir pour elle et moi la parole au monde. M'est aussi revenu ce drôle de souvenir quand je désespérais briller aux yeux de mes petits camarades en jouant au foot avec eux dans la rue, en tapant dans des ballons crevés que je tentais en vain d'appeler à moi, mais bégayant à la moindre tentative d'attirer l'attention — ce qui ruina, mes amis, mes hautes ambitions footballistiques. Je crois avoir compris quelque chose. Quand je parle, je peux faire de la parole un récit à partager, un événement commun. Un bien à transmettre. Il arrive que la parole se sente orpheline, privée d'elle-même en quelque sorte, c'est-à-dire coupée de la parole comme événement. Toute la Création est précédée d'un immense bégaiement (le tohu-bohu originel) jusqu'à ce qu'apparaisse le courage de parler pour faire monde. La parole, pour être cette puissance d'humanisation, est ce qui se reçoit et se raconte, faisant ainsi de la parole un événement attendu, un *évangile*. Parler, la belle affaire. Mais parler la parole, l'événement qui fait de nous des êtres vivants au monde, c'est devenir des êtres de parole, au double sens d'être capables de parler et de tenir parole. Pour les chrétiens, l'humanité est devenue dépositaire, responsable du récit de la Parole. Elle est appelée à vivre ainsi, par la Parole, l'aventure de sa propre narration du monde. Oh mes amis, c'est le commencement de notre foi comme celui de toute confiance humaine. La matière biblique elle-même se rassemble en quelque sorte, s'ordonne de cette injonction : nous avons à raconter la Parole. Il ne suffit pas d'écouter, d'obéir, d'apprendre, mais il faut raconter la Parole. Quelqu'un nous parle ou nous a parlé, et quelque chose de ce message, de cette parole rapportée, nous enjoint d'être raconté. C'est la structure de toute foi. Je raconte ce qui m'a été confié. Et je donne ainsi au récit toute la valeur d'un crédit qui m'est fait. Ce qu'on appelle le judéo-christianisme fait ainsi de nous des narrateurs. Inscrit dans l'existence même de chacun le projet de la parole comme récit fondateur de soi et de la communauté. Je reprends pour me faire comprendre l'analyse de Walter Benjamin : « la narration ne se livre ni ne s'épuise jamais entièrement. Elle conserve ses forces concentrées, et longtemps après sa naissance elle reste capable d'éclosion » (*Le Narrateur*, 1936). Il ne suffit pas de savoir ce que la parole nous a dit mais encore faut-il s'acquitter de la tâche de raconter la Parole, de prendre en charge, à notre tour, ce qu'elle nous a dit, de la faire advenir, pour que la parole « reste capable d'éclosion ». La grandeur de la foi est d'interroger la Parole par le récit que j'en fais. Récit infini à travers lequel s'éprouve en chacun la confiance qu'il met dans la parole. Si Dieu nous parle c'est parce que nous racontons qu'il nous parle. Parler ne peut se limiter à la seule capacité de parler ni même à la seule répétition de ce que j'ai entendu. La parole est ce qui m'a été raconté et je m'en fais témoin devant les autres et moi-même. Témoignage fragile qui peut s'effondrer devant la douleur ou l'incompréhension de la vie. Mais je dois me souvenir que parler a pour moi la forme de la prière : reconnaître que *tu m'as parlé*. Quand bien même, ce soir-là maman, tu ne parlais plus.

Le don des langues

6 juin 2019

C'est une histoire étrange. Une histoire de *pentecôte*, mes amis. Dans un minuscule village des Pyrénées, un vieil homme n'avait jamais parlé que sa langue, celle du pays. Un occitan gascon que l'on parle dans le Luchonnais. J'avais peut-être 13 ans la première fois que je l'ai vu et quand il m'invita sans un mot à venir passer des heures dans les montagnes avec lui. Des mois et quelques années avec lui sans pouvoir se parler. Il me montrait des fleurs, des traces d'animaux, des arbres, des nuages dans le ciel, et nous marchions en silence avec le sentiment pourtant de partager quelque chose. Il me semble qu'on se comprenait. Sans le savoir, nous avions tous les deux un langage capable de signifier sans déclarer, sans dire. Une langue avant les langues. Les années ont passé (si vite), et avec elles est venu peu à peu le désir de comprendre la langue de l'autre. Et c'est lui, au détour d'un chemin escarpé, un été à la tombée du jour, quand nous redescendions d'un col d'estive où paissaient ses brebis, qui a prononcé pour moi ses premiers mots en français. Il voulait savoir si je reviendrais l'année prochaine. Oh mes amis, je ne suis jamais revenu, la vie m'a emporté. Mais lui m'a laissé ainsi un enseignement formidable : parler la langue de l'autre, même si peu, si maladroitement, c'était appeler à une communauté humaine manquante et désirée. Parler les langues de chacun, nous n'en sommes pas forcément capables en entrant dans la vie. Il nous faut passer souvent par des incompréhensions, des silences parfois coupables ou terrifiants, des regrets, un désir de rencontre et d'échange inassouvi. C'est aussi cela grandir : éprouver le désir de comprendre autrui et de se faire comprendre de lui. Je veux dire, mes amis, qu'il s'agit de l'hospitalité que nous accordons à d'autres vies et d'autres paroles que nous. Apprendre la langue d'autrui, ou traduire, c'est le mouvement même de la vie spirituelle : répondre au désir de se faire comprendre d'autrui et de le comprendre. Et dans ce désir de parler la langue de l'autre, il y a au fond une *pentecôte* : la compréhension de la Parole traverse nécessairement les autres. Pour accéder à mon propre désir de dire, d'échanger, de parler, je dois faire ce chemin à travers d'autres langues. Pour être compris et se comprendre, pour comprendre les autres, je dois laisser cette force spirituelle (*pneuma* en grec, souffle, vent, esprit) me traverser, ce vent qui ouvre les bouches, qui descelle les lèvres comme les cœurs. Toute *pentecôte* est ce qui nous conduit à reconnaître dans la dispersion, l'altérité, l'épreuve même de l'incompréhension, la grâce d'avoir à dire et entendre, et de se faire entendre. C'est aussi quitter sa mère, en quelque sorte. Pouvoir exprimer en dehors de sa langue maternelle ce qui vient d'une autre mère, d'un autre engendrement charnel, spirituel. Que les langues intimes, maternelles, puissent s'ouvrir à l'autre de l'autre mère, cela, mes amis, s'appelle culture. « Des langues comme des langues de feu leur sont apparues séparées les unes des autres et se sont posées sur chacun d'entre eux. Et tous ont été remplis du Souffle saint et se sont mis à parler dans des langues autres (*heteros*, différentes) ce que le Souffle leur donnait de dire » (Ac 2,3-4). Eux-mêmes accueillant ce vent, ce souffle d'ouverture en eux, ont parlé des langues différentes, autres, pour parvenir à exprimer ce que ce souffle d'ouverture leur permettait de découvrir. Est-ce ainsi que m'est venu le désir de traduire ? Cette curiosité pour les autres langues ? Il n'y a pas pour moi de langue sacrée. Ce qui est sacré, c'est-à-dire distinct, lointain et désirable, c'est la marque de l'Autre. Cette cicatrice qui témoigne d'une unité rêvée dans la différence, et que chaque langue réalise quand elle s'ouvre à d'autres langues. Le récit des Actes retourne littéralement celui de Babel. La tentation de Babel de ne parler tous qu'une seule langue est en réalité celle de ne parler tous que d'une seule bouche, d'une seule voix, d'un seul bord (*saphah*, en hébreu dans le récit biblique, qui signifie lèvre, parole, rivage, rive, bord, côté, fil, frontière, reliure…). La Pentecôte dissout le fantasme d'une seule langue, d'un seul rivage d'où parler ensemble, fantasme totalitaire d'obéissance collective, de transparence absolue les uns aux autres, d'un même lieu d'oppression gigantesque, défiant le cosmos, et qui ne peut conduire qu'à l'effondrement. Qu'il y ait d'autres langues nous appelle à l'importance de l'acte de la traduction dans la vie d'un sujet ou d'une communauté, au cœur d'une existence qui s'avoue et qui se cherche, et tente de s'exprimer comme vie à vivre en s'expatriant un temps dans la langue et l'œuvre d'autres vies, d'autres cultures. Je ne suis pas retourné dans les montagnes. Mais je sais qu'une part de moi-même y demeure. Et toute ma vie se souvient encore de ce don que me fit l'autre de ma propre langue.

La cicatrice de nos désaccords

13 juin 2019

Quelle famille, quel couple, quelle nation n'aurait jamais à passer par un déchirement, par des oppositions ? Nous aimons ça, les disputes, mais la question vitale est peut-être moins dans le conflit lui-même que d'apprendre à vivre après le conflit. Avec ce que le conflit a pu toucher de plus fort, de plus intime, entre nous. Oh mes amis, l'époque est aux désaccords. Certains les manifestent depuis plusieurs mois, avec violence des deux côtés. Une forme de désespérance partagée. Arriverons-nous à régler ces désaccords ? Je vois que l'impasse tient souvent à ce que nous pensons pouvoir répondre de façon logique ou factuelle, avec des propositions matérielles plus ou moins adaptées, à notre situation déchirée. Dans l'espoir d'un raccommodage possible. On voudrait alors que l'autre entre avec nous dans une négociation sur des faits, des éléments, en partant d'une vision partagée de la situation. Mais quelle vision commune possible d'un déchirement ? Le constat est souvent fait que nous ne nous entendons ni sur les faits ni sur les éléments proposés. La tentative de réponse logique, par discussions et par concessions, semble vouée à l'échec. Pourquoi ? Sans doute (et c'est tout le paradoxe) parce que l'on s'obstine à vouloir atteindre un accord à tout prix plutôt que de passer par l'épreuve d'avoir non seulement à penser le désaccord mais aussi cette expérience humaine qui traverse toute communauté : imaginer vivre ensemble après le désaccord. Quelle vie commune pourrions-nous rendre encore possible après la déchirure, sans pour autant avoir trouvé nécessairement un accord ? Faut-il ne penser d'issue à nos débats que par le renoncement ou la défaite d'autrui ? Il y a pourtant des défaites glorieuses. Des renoncements héroïques. Des concessions salutaires. Nous devrions surtout prendre un petit peu de temps pour laisser advenir notre condition désaccordée. Ne pas s'être opposés en vain exige que l'on prenne au sérieux ce qui nous aura déchirés. Dans une communauté donnée, politique, amoureuse, familiale, le temps de la dissociation, de l'opposition voire du combat, est souvent un temps de mise à nu des liens imaginaires ou symboliques qui tissaient notre unité — celle que nous appelions de nos vœux sans toujours en accepter les devoirs. Or défaire notre union peut faire apparaître ce qui précisément lui manquait pour être vécu comme telle. Et c'est bien l'épreuve à passer. En nous opposant, il n'est pas dit que nous n'avons plus rien à nous dire, à partager. Il n'est pas dit que nous n'avons rien à construire. Il s'agirait finalement moins de rebâtir ce qui fut défait que d'inventer ce qu'il y avait à bâtir et que nous n'avons pas su ou voulu faire ni même imaginer. Les accords ou les réconciliations authentiques sont toujours tracés d'une main tremblante de chaque côté, avec la conscience d'un ébranlement, le souvenir d'une déchirure qui devient lentement cicatrice. Parce que la cicatrice, après le conflit, n'est jamais uniquement la trace de la blessure, elle ne peut se réduire à cette seule fonction de témoignage. Une cicatrice est une création à la surface de la peau. C'est le travail d'une peau hantée par des événements qui produit sa réponse de peau en faveur de la poursuite de la vie. La cicatrice indique que le chemin est encore possible, juste là, pas très loin, pas si profondément que nos combats voulaient nous faire croire, mais sur la peau avec laquelle nous effleurons, nous caressons. Je repense à cette phrase très souvent (et parfois mal) citée de Paul Valéry : « Ce qu'il y a de plus profond dans l'homme, c'est la peau » (*L'Idée fixe ou Deux hommes à la mer*, 1932). Appliquée à notre question, cette phrase signifie que le plus profond à venir de nos déchirures, c'est ce qui se passe en surface, ce qui se crée sous l'effet du vent vivant, comme les dunes toujours réinventées du désert. C'est une invitation à redécouvrir la surface de la terre, la peau du sol, où émerge quelque chose, un pas, un sens. Une aventure. Nos limites ne sont pas celles qui nous opposent, celles qui déterminent la cartographie de nos désaccords, ces frontières-là doivent être franchies, c'est le pays au-delà que nous devons espérer, la *terra incognita* de toute vie commune. Et c'est elle que nos désaccords font apparaître. Nous n'avions pas atteint les frontières de cette vie espérée. Tout ce qui restait à explorer entre nous. Il me vient à l'esprit que notre dignité dans la vie est d'accepter d'être ainsi les rescapés de nos désaccords parfois violents, insolubles. Que toute existence est faite de cela. Dans quelle condition un accord est-il possible malgré les blessures souvent béantes que nous auront infligées nos désaccords ? Cette condition de rescapés, de survivants en quelque sorte, de nos colères, de nos conflits, de nos divisions, c'est la nôtre. Acceptons-la. Notre peau, et la peau du monde, en témoignent.

« La mort n'est pas une expérience vécue »

20 juin 2019

Cher Daniel Glorieux (quel nom !), vous m'écrivez : « Votre chronique parue ce jeudi 6 juin m'a touché et ému. C'est une belle histoire, et vos réflexions personnelles nous ouvrent l'esprit vers la Pentecôte. Mais c'est une autre lecture que j'en ai faite qui motive ce message. Après quarante ans de vie commune, mon épouse est décédée brutalement il y a trois semaines. Je suis en pleine déconfiture et la question du lien au-delà de la mort me taraude. Lien amoureux, évidemment, mais aussi lien tout court. Comment vais-je continuer à communiquer avec elle ? Et votre chronique vient m'ouvrir une porte. Je reprends vos mots. Il me faut apprendre la langue de l'absente, éprouver le désir de la comprendre et de me faire comprendre d'elle. Il y a un chemin à travers d'autres langues et je dois laisser cette force spirituelle me traverser. Je suis dans l'incompréhension totale. Mais la Pentecôte dont vous parlez si bien me conduira, je l'espère, à reconnaître la grâce de l'expression nouvelle. Cela vous aura peut-être étonné ou surpris. On peut dire qu'une fois écrits, les mots nous échappent et leur interprétation aussi. » Oh, cher Daniel, comme je vous comprends. Votre désarroi me touche profondément, il fut le mien il n'y a pas si longtemps. Il surgit à chaque disparition d'un être aimé : Existe-t-il encore ? Et où ? En quel royaume ? Sous quelle forme ? Est-il visible autrement ? Et puis-je communiquer avec lui ? Et comment ? Par quels mots ? Ce sont là nos pauvres questions de vivants, de rescapés. Et je n'ai pas plus que vous de réponses sûres, fiables, à leur apporter. Je ne sais si nous pouvons communiquer avec celles et ceux qui nous ont quittés, je me sens moi-même si souvent flotter dans l'incertitude de cette question : me parle-t-elle ? Et m'entend-elle ? Plus déchirant encore, il m'est arrivé, dans les jours et les mois qui ont suivi sa disparition, de m'interroger sur ma propre capacité à l'entendre. Je guettais le moindre souffle, un petit craquement de branche, la poussière sous mes pas. Quelque chose à décrypter. Et si les morts nous parlaient sans que nous puissions les entendre ? Je les ai imaginés de loin, derrière la vitre sans tain de l'existence, nous faire signe en vain. Faisant porter ainsi à la vie même l'infirmité cruelle d'une surdité. J'ai relu les notes du philosophe Paul Ricœur expliquant, à la fin de sa vie, « la mort n'est pas une expérience vécue ». Nous ne vivons de la mort que l'absence de l'autre, son silence définitif. La parole, notre parole, est pauvreté. Face à la mort d'autrui, notre parole découvre avec douleur qu'elle a besoin du corps, de signes visibles, de la matérialité de la présence, pour tracer son chemin. Il n'y a de parole humaine que du corps. Et la disparition du corps aimé blesse ce lien de la parole avec la vie. Alors sans doute, notre désir le plus cher serait de réaliser cette pentecôte de la parole qui nous ferait parler, depuis l'infirmité de nos corps, la langue de l'absente ou de l'absent. Ce serait dans le corps de toute parole que serait transfiguré le corps perdu de l'autre aimé. Mais la mort emporte aussi la parole. On voudrait qu'il y ait une parole pour la mort comme on espère qu'il y ait un lieu où rejoindre nos chers disparus. Traversant cette épreuve, j'ai retenu par cœur un vers de Virgile, dans les *Géorgiques* : *Nec morti esse locum*. Pas de lieu pour la mort. Et je voudrais ajouter avec lui, et vous : *Nec morti esse verbum*. Pas de parole pour la mort. Et pourtant, je reprends vos mots, « comment vais-je continuer à communiquer avec elle ? ». Votre belle lettre m'a ainsi éclairé : je ne sais si l'autre disparu me parle et si je puis communiquer avec lui, mais je me tiens alors dans cette incertitude comme au lieu le plus intime de ma condition de vivant et de parlant. Je m'engage dans cette tâche d'avoir à traduire le silence de l'autre, son absence. Il n'y a pas de présence des morts, mais leur absence précisément nous parle et nous fait parler. Elle nous ouvre à une autre expérience de notre présence au monde. Une présence capable d'accueillir l'absence. Notre parole s'approfondit du silence des disparus. Notre présence s'éprouve dans leur absence. Je parle à l'autre qui m'a quitté. M'entend-il ? Je sais que non probablement, mais la mort a éveillé, dans mon impuissance à *lui* parler, le désir profond de communiquer. Ce paradoxe est mon humanité. C'est cet inespéré qui apparaît en traversant le deuil : que l'absence devienne exigence de parole. Un jour ou l'autre, je dois reconnaître alors qu'il n'y a pas de matérialité à ce lien qui nous retient ou nous relie à l'autre disparu. Mais ce lien sans terre ni corps m'aura pour ainsi dire ouvert à l'humanité de l'invisible, à l'humanité de l'impossible. Je traduis l'absence de l'autre en parole vivante. J'interprète l'invisible comme soutien de mon corps. Là où il n'y a plus d'espoir, je comprends que là commence toute espérance.

Notre manteau d'humanité

27 juin 2019

Il y a quelques jours, je me suis surpris répondre à une amie qui me confiait avec beaucoup de sincérité sa confiance dans la volonté de Dieu pour elle et pour nous tous, que je préférais m'attacher à l'idée que Dieu ne voulait rien. J'avoue avoir beaucoup de difficultés à me débarrasser de ma propre faiblesse, de mon inquiétude et du doute que j'éprouve. Ce que je voulais confier à cette amie sans oser le lui dire, c'est que je ne pense pas que Dieu veuille quoi que ce soit pour moi, mais c'est à moi de vouloir quelque chose de lui, c'est ma volonté qui est sollicitée, jusqu'à en être parfois menacée. Voulant Dieu, cherchant sa confiance, je peux finir par perdre toute confiance. Dans ma vie spirituelle, il m'arrive de faire l'expérience de la peur sans nom liée à une opacité totale et soudaine. C'est comme devenir brusquement aveugle ou se trouver quelque part et ne pas du tout savoir où l'on est. Le nom même de Dieu paraît dérisoire. Cette « nuit de la foi », comme l'on dit, ne signifie pas que Dieu n'est plus rien pour moi, mais que je ne veux ou ne peux aller plus loin, au-delà même des représentations que je me fais de Lui, de la foi que j'ai en Lui. M'accrochant à ma confiance, comme un naufragé à son bois, j'ai perdu toute confiance. Et si Dieu était là où il n'est pas ? Si Dieu n'était pas là où ma confiance l'avait placé ? Cette expérience même qui me déroute, me met à nu, est celle qui me conduit à Lui, à sa dérision, à son absurdité, sa folie, comme à sa douceur, son effacement. J'ai pensé en moi, Dieu est de ne pas être. Mais j'étais encore dans l'erreur. Pardonnez-moi, mes amis. Il faut traverser ce silence, cette nuit et nudité de soi, pour entendre que peut-être en moi Dieu n'était pas d'être Lui. Il était son absence. Il était son silence. Dieu était dans ma nuit obscure, de n'être pas là. Mon hypothèse est que trop souvent ma foi voudrait tout savoir de Dieu, ne manquer de rien, ou le moins possible. Comment accepter un Dieu dans sa miséricorde nue, désarmée, dans son détachement absolu ? Sa simplicité, son intense faiblesse bouleversent ma foi. Le Dieu chrétien perturbe mes identités, révèle mes désirs contradictoires, mes impatiences fausses. Lui-même s'est *déformé*, s'est rendu vain et néant (signification de la kénose du Christ dans la Lettre aux Philippiens 2,6). Il se fait à l'humanité quand nous abandonnons, et répudions souvent, ce qui fait notre humanité. « L'incarnation ne rapproche pas Dieu de nous, elle augmente sa distance », écrivait mystérieusement Simone Weil. Oui, d'une certaine façon, l'incarnation vient faire obstacle entre nous et notre humanité. Le Dieu fait homme prend en charge ce que nous abandonnons de notre propre humanité. Si ce que les théologiens appellent le mystère de la volonté salvifique de Dieu nous unit tous au Christ, reconnaissons qu'avec le Christ la souveraineté de Dieu se retire pour que soit paradoxalement révélée sa divinité au cœur de l'humanité de l'homme, de la relation blessée à notre humanité. Dieu n'est pas là où nous l'attendons ou croyons pouvoir le rencontrer, mais il vient dans l'épreuve de son effacement ou de sa déformation. Finalement, si je peux dire que Dieu ne veut rien, ce serait aussi une façon de comprendre que même perdu, dans le doute, je reste « capable de Dieu » (*capax dei*) selon l'expression de saint Augustin (*De Trinitate*, XIV, 12, 15). Dieu ne substitue pas sa volonté à celle de l'humanité, il la rejoint jusque dans sa détresse et son impuissance. Ce que j'appelle absence de Dieu, c'est ma présence manquante au monde, aux autres. Ai-je répondu à mon amie ? Sans doute pas. Mais elle attira mon attention sur un étrange passage de l'Évangile de Jean. Dernière apparition du Ressuscité aux disciples, sur la mer de Tibériade. Il est dit que « les disciples ne savent pas que c'est Jésus » (Jn 21,4). Puis Jean le reconnaît et le dit à Simon Pierre qui, lit-on, « du manteau se ceignit, car il était nu, et se jeta dans la mer » (Jn 21,7). Que peut vouloir dire cette absurdité du texte, qui ferait penser à un gag à la Charlot, celui du type qui pour se jeter à l'eau prend soin de mettre son manteau parce qu'il était nu ? Nu comme un pêcheur sur la barque de l'existence, je me jette à l'eau sans oublier de prendre le manteau que j'avais délaissé, en serrant contre moi, comme un manteau abandonné, mon humanité. C'est ainsi que je reconnais Celui qu'avec tant de doute et d'inquiétude j'appelle Dieu. Pour le retrouver, je me jette à l'eau. Pour le retrouver, je me ceins et me couvre de mon humanité dont je voulais me débarrasser. Je me souviens d'un autre texte (Gn 3,7), lorsque l'humanité des commencements apprend qu'elle est nue après s'être jetée dans l'aventure de la connaissance, et qu'elle se couvre. Et si ce premier vêtement était son humanité à sauver, son déjà vieux manteau d'humanité, honteux, déchiré, ravaudé, et que revêtira enfin le Dieu fait homme ? Je ne vois pas Dieu, je ne sais pas qui est Dieu, mais pour aller vers lui je sais que je dois me jeter à l'eau et emporter avec moi mon manteau d'humanité, toute mon humanité.

« Rions, ma chérie, rions de nos peurs et de nos chagrins »

4 juillet 2019

J'assiste, souvent silencieux et observateur, à l'existence de ma dernière fille, mon adolescente. Je reste un peu à l'affût. Je suis le témoin discret de sa vie. Si je voulais résumer ces deux dernières années, alors qu'un été de feu revient ces jours-ci avec pour moi son cœur de nuit, avec la mort et la disparition logées définitivement pour ma fille et moi dans son ardeur et sa lumière, donc si je voulais résumer ces petites années écoulées depuis, je dirais qu'une sorte de providence négative a veillé sur nous. Le mot providence (dérivé du latin *providere*, voir en avant, prévoir, pourvoir) semble renvoyer pour moi, assez littéralement, à notre état de créatures vues, placées sous le regard d'un Autre. Un regard qui peut être bienveillant, pourvoyeur de bonté, prévoyant, mais aussi un regard qui prétend parfois dépouiller, prendre, ravir. Il y a de cela dans le livre de Job. Dieu a tout donné, et Dieu a tout repris. « Il prend/qui l'en empêche ? » demande Job avec une ironie désespérée (Jb 9,12). Et dans l'épreuve, le héros biblique se sent vu, épié : « Ton œil est-il un œil de chair ? Ton regard un regard mortel ? » (Jb 10,4). Le psalmiste aussi s'écriait : « Déjà là tes yeux voyaient mon embryon [l'étrange *golem* en hébreu] » (Ps 139,16). C'est une bien difficile expérience que d'être l'observateur impuissant, souvent médusé, de sa propre vie vue et sondée par l'Autre, de ses plus faibles débuts jusqu'à sa fin dans la poussière. J'éprouve une sorte de vertige et me dis que cette expression, « providence négative », pourrait signifier que nous ne voulons pas nous arrêter à la seule destruction, nous perdre dans la nuit, et dans la répétition du mal, mais que nous interrogeons jusqu'à l'absurde ce que le mal nous *veut*, ce que l'injustice finalement voit, perçoit de nous, au-devant même des faibles limites de nos vies. Oh souvent, mes amis, ces deux dernières années je L'ai prié, Lui l'Observateur terrible et compatissant, d'épargner ma fille. Oh tout me prendre s'il le faut, mais pas elle. Qu'Il la laisse hors de sa vue quelque temps. Et alors, oui, mes amis, j'ai éprouvé ces nuits-là de prière une très faible part de l'angoisse de Job. Mon adolescente grandit dans cette nuit brûlante. Tout récemment, j'ai dû la consoler d'un premier chagrin d'amour. On ne dira jamais assez aux parents que nous sommes le mystère du premier chagrin d'amour dans une jeune existence. Comme si se rejouait soudain à vif, à cru, et sous le soleil violent de la vie, la solitude d'être au monde, l'archaïque séparation d'avec la mère. Vivre et grandir exigent un tel instinct des seuils, une connaissance de la traversée, des passages, une science des portes à entrebâiller ou refermer au plus vite. Il y a dans tout chagrin d'amour la bouleversante révélation du tragique de notre vie sensible. Ce qui nous fut donné nous est repris. Don et perte sont notre chair. Et j'ai murmuré un soir à ma petite adolescente en pleurs, ma chérie, une vie est faite d'un million de chagrins et d'un million de folles espérances. Et je me suis souvenu d'un voyage ensemble avec sa mère dans la presqu'île du Yucatán au Mexique, à Río Lagartos (nous étions venus là voir les crocodiles et les flamants roses). Dans la petite ville multicolore, nous avons assisté sur la place principale à la veillée funèbre d'un vieil homme. Des femmes pleuraient et chantaient. Et à l'écart, sur un trottoir défoncé, envahi par les herbes et les chiens, une petite bande de gosses faisaient une ronde endiablée en courant, criant, chantant avec une joie féroce, dans un jeu sauvage qu'eux seuls semblaient connaître. Un homme vint s'en prendre à eux : « Y si fue tu abuelo el que acaba de morir ! » (« Et si c'était votre grand-père qui venait de mourir. ») Et nous avons entendu une petite fille métisse vêtue de blanc éclater de rire en disant : « Pero es nuestro querido abuelo ! » (« Mais c'est bien notre grand-père chéri ! ») Il y eut un grand silence bref qui s'est élevé dans le ciel étoilé, dans la nuit mexicaine, et puis toute la place a explosé de rire et chanté avec les enfants. Mon Dieu, mon Dieu, donne-nous ainsi la vision des enfants, celle du paradis dans la nuit, du jeu dans la mort, et des rires dans le chagrin. Mon adolescente m'a demandé comment faire pour dépasser le chagrin des moments heureux disparus, de l'amour abandonné, du charme si intense des premiers attachements. Comment vivre après et sans eux ? Et j'ai pensé à Ulysse, mes amis, le voyageur antique qui a su parfois se délier du chant qui charme, qui a su prendre d'autres routes pour survivre. Oh mon amour, le chant qui charme ne doit pas nous accompagner toujours. C'est une très ancienne histoire entre l'humanité et le désir, l'attachement et l'arrachement. Rions, ma chérie, rions de nos peurs et de nos chagrins. Rions dans la nuit du Yucatán avec les petites filles mexicaines. Peut-être Dieu aura-t-il pitié de nos rires davantage que de nos larmes.

Quelle histoire suis-je en train de vivre ?

11 juillet 2019

C'est une étrange affaire que lire ou relire les Évangiles. Si l'on veut bien honnêtement essayer de le faire à partir de notre situation contemporaine. Il faudrait remettre l'Évangile sur l'atelier de nos peurs, de nos contradictions, et de notre défaillante ou paresseuse espérance. J'ose le dire aujourd'hui, cela devrait engager toute une vie de lecteur car le propre de l'Évangile est de donner à lire les actes d'une libération de soi. Longtemps, nous avons voulu qu'il s'agisse à tout prix d'un grand récit de rachat, celui de nos souffrances et de nos erreurs, jusqu'aux plus terribles d'entre elles. Or c'est là que commencent les problèmes. On a mis Dieu, avec profit croyait-on, à la place d'un Grand Réparateur, lui-même nous offrant son Fils. Mais pour réparer quoi ? Nos vies mal vécues ? Le monde incertain que nous traversons le temps si bref d'une existence ? Finalement, cette place nous convenait puisque nous en étions en quelque sorte les bénéficiaires, si nous confessions notre foi en ce Dieu réparateur et sauveur. Or ce sont nos paroles bien trop confiantes que le récit évangélique interroge et déplace. Alors que nombreux sont celles et ceux, dans les Évangiles comme autour de nous encore aujourd'hui, qui cherchent un sens, une direction en tentant d'interpréter le monde et la vie, il semblerait que Jésus, lui, nous conduise à ne pas faire qu'interpréter la vie, mais à la bousculer, à l'inventer. La vie, une invention. Et si c'était cela le scandale évangélique ? Proposer une vie libre et totalement vécue. Une vie qui ne fuit pas devant les contradictions mais au contraire les affronte et les visite, qui accepte de résister aux provocations, qui ne manifeste aucun ressentiment, qui ne prononce aucun jugement qui interdirait la rencontre, et qui s'attache à la compréhension et à l'amour de l'adversaire. Je ne crois pas non plus que l'on ait souvent insisté sur le rythme du récit évangélique. En réalité, il ne ressemble à rien de bien connu dans la littérature de l'Antiquité. Il est fait d'accélérations foudroyantes et sobres à la fois. Il se focalise sur l'événement, actes ou paroles, et ne s'embarrasse pas forcément ni de descriptions développées, ni même de considérations morales, ni de justifications. C'est qu'il ne s'agit pas de raconter une vie, même pas sur le modèle des Vies antiques comme on peut le soutenir parfois, ni sur celui de l'*exemplum*, ce bref récit efficace donné en modèle. Les « vies de Jésus » viendront plus tard. Si littérature il y a ici, c'est une littérature de l'engagement. Et nous gagnerions beaucoup aujourd'hui à relire les Évangiles ainsi. Chaque fois, le lecteur est soumis à une accélération. Il doit engager ce qu'il pensait être sa foi ou sa non-foi en la vie. Risquer la foi que nous mettons dans nos propres histoires sur la vie et le monde. Question de gage et de crédit, selon l'étymologie médiévale du mot engagement. Jésus ne vient pas demander de renoncer à nos engagements précédents, il refuse même la souffrance que provoquerait la destruction d'anciens engagements. Sa parole, ses actions nous poussent plutôt à retrouver la puissance de gager nos forces, nos pensées, nos croyances et nos convictions… C'est-à-dire à les remettre en cause et en jeu. Les interprétations, les convictions sont vivantes. Il faut les passer au feu de nos histoires, les plonger dans le négatif de nos existences. Ce qu'indique l'étrange et bouleversant récit de la Passion, c'est qu'il faut bien que soit perçue toute la noirceur de l'abîme pour que notre heure de vie trouve son sens, perchée sur son petit rebord au-dessus du gouffre. Jésus, tel qu'il apparaît dans les récits que l'on a fait de lui, est un redoutable lecteur de la Loi, mais il conduit son auditoire et ses adversaires à reconnaître que sans changement de vie, sans révolution de vie, l'interprétation s'enraye. Et produit du vieux, de la mort. C'est ce retour à la vie qui traverse le texte évangélique, de façon étonnante. Un retournement, pour reprendre l'étymologie du mot conversion, mais au sens d'un changement de cap, d'une révolution. Le rachat, nous en sommes les ouvriers, et il en faut beaucoup (Lc 10,1-12). Mais réparer, en langage évangélique, c'est retourner à la vie, retourner ou changer la vie. Chaque récit de miracle vient le rappeler à sa façon. Tu voudrais que je répare la vie, semble dire Jésus, mais en réalité il faut changer la vie, en retournant à elle, en lui faisant confiance, en appelant la vie à la vie. L'Évangile semble avoir pour fonction de nous interroger : Quelle histoire es-tu en train de te raconter ? Quelle histoire es-tu en train de vivre et laquelle serais-tu prêt à vivre ? La mort n'est pas la fin de nos histoires, de nos engagements. Et c'est ainsi que le terrible récit de la Passion se lit comme un tribut payé à nos propres conceptions mortifères de l'existence. Avec sa mort, le Christ traverse notre propre peur de vivre et de nous engager. D'ailleurs, ne pourrions-nous pas dire que sa mort ne rachète rien, mais qu'elle tue en nous la mort ? Et par sa résurrection, dont l'événement échappe au récit lui-même, il vient se tenir debout et éveillé (les deux verbes utilisés en grec). C'est cela notre espérance. Debout et les yeux grands ouverts.

« Le monde craque de partout, entendons-nous ? »

5 septembre 2019

En écoutant le monde craquer cet été, les glaciers fondre et disparaître sous nos yeux, les grands arbres de la forêt brûler en Amazonie, ou les bateaux en Méditerranée sombrer régulièrement encore avec des centaines, des milliers d'enfants, de femmes et d'hommes en détresse, au large de nos côtes, fuyant les guerres et la misère, les guerres qui tuent inlassablement en Syrie et au Yémen ; oui, en écoutant le monde craquer et gémir, oh mes amis, je ne pouvais m'empêcher de penser à ce verset de l'Apocalypse que je cite à présent dans la traduction latine de la Vulgate (revisitée de temps en temps cet été ; eh oui, on a les occupations que l'on peut sous le soleil...) : « *Ecce sto ad ostium et pulso* » (Ap 3,20). Littéralement en français : « Soudain (*ecce* qui marque en latin la surprise) je suis debout à la porte et je frappe. » De quelle porte parle-t-on ici ? C'est pour moi d'abord une formidable image de la résurrection : être debout après l'épreuve, relevé dans la poussière, se tenir droit face au monde qui souffre, qui grince. *Ostium* désigne une entrée, une porte comme un vestibule, et même l'embouchure d'un fleuve. Le latin traduit le grec *thura* qui est souvent dans les paraboles la porte ouverte à travers laquelle les brebis vont et viennent, voire le nom de celui qui apporte le salut à ceux qui le suivent. « La porte ouverte » indique l'occasion de faire quelque chose, d'agir. C'est aussi la porte du Royaume. On pourrait retraduire librement : « Et soudain je suis debout devant vous à l'entrée du monde et je pousse. » *Pulso*, en latin : frapper, battre, mais aussi pousser. Comme notre cœur qui bat (pulser, pulsation). Enfant, dans mon petit royaume nocturne, j'entendais déjà les portes craquer en me demandant quel voleur tentait de s'introduire chez nous. On frappait ou étaient-ce les pulsations de mon cœur effrayé que je prenais pour des coups cognés à la porte de ma chambre ? Des coups pour que j'ouvre la porte de mon cœur ? Oui, mes amis, toujours dans le même chapitre de l'Apocalypse, il est bien dit que le Sauveur « viendra comme un voleur, la nuit » (Ap 3,3). Mais de quelle porte s'agit-il sinon de la porte de notre aveuglement, de notre surdité, la porte de notre monstrueuse indifférence. Notre devoir serait de nous relever de nos peurs et de nous tenir droits, prêts à agir, devant toutes les ouvertures du monde et de nos vies. Paul Claudel, dans une lettre du 24 août 1922 adressée depuis le lac de Chūzenji, au Japon, sur l'île Honshū, au nord de Tokyo, parle de « cette porte perdue au fond de notre âme, cette porte marquée du Sang de l'Agneau », faisant référence aux portes des maisons, dans le livre de l'Exode, quand le souffle de la mort passe la nuit de *pessah* pour libérer les Hébreux de la terreur de Pharaon, et nous délivrer de notre propre peur d'être sauvés. Le monde craque de partout. Les coups sont frappés à toutes les portes de nos maisons silencieuses, âmes fermées, âmes mortes et abandonnées. Entendons-nous ? Une voix s'élève et demande : *Il y a quelqu'un ?* Nous risquons, mes amis, de rester seuls par cette nuit de tempête dans notre maison-Terre, notre demeure-Âme, solitaire et désolée, dont nous ne prenons plus soin. Cette forge désaffectée de notre cœur vivant, c'est celle de notre planète aussi, qui ne cesse de frapper dans le feu et les flammes. Oh c'est l'été qui bientôt s'achève. Mais le feu dévorant de l'indifférence couve et gagne du terrain. Je parle d'indifférence parce que je lis dans l'Apocalypse, dans le même chapitre toujours : « Je viendrai mettre une porte ouverte devant toi et que personne ne pourra fermer. » Nos portes doivent rester ouvertes. Nos embouchures accueillantes. Moi j'avais commencé l'été par la douceur d'une union, d'une ouverture franche et claire, le mariage d'une de mes quatre filles. J'ai dû dire quelques mots et je savais que je devais parler aussi des blessures secrètes, plus ou moins avouées, qui sont aussi les pierres de toute famille bâtie dans les aléas de l'existence humaine, mes amis. Et je me suis souvenu d'un vieux poème sioux. Un père consolait ainsi sa fille qui entendait les loups hurler dans la plaine. Il disait je t'ai déjà parlé des loups. Chaque loup qui hurle est un absent de la famille. Une injustice, une peine, une incompréhension. Et il faut parler avec eux quand on les rencontre quelque part, sur une piste, dans le désert ou autour du feu. Il faut les appeler frère, mari, sœur, père ou mère, les loups qui hurlent à notre porte. J'oserais dire que nous devons imaginer Celui qui vient, qui pousse à l'entrée de notre monde sourd et fermé, qui hurle sous nos fenêtres closes, comme ce loup errant, qui nous effraie, que nous refusons de voir et de l'appeler comme on appelle un frère trop longtemps absent, un fils perdu qui revient. La piste est longue, croyons-nous. Pas tant que cela, mes amis. Il reste peu de temps. Pour nous relever et tenir droits face au soleil.

Au-dessous du volcan

12 septembre 2019

Un bruit assourdissant et effrayant, accompagné de nuages de feu et de flammes propulsant dans l'atmosphère une lave bouillante et des pierres en fusion. Certains d'entre nous auront pu se souvenir des vers du grand Virgile moins d'un siècle auparavant : « Combien de fois dans les champs des Cyclopes nous avons vu l'Etna déchaîné, ses fournaises béantes déverser des bouillons de feu, tourbillons de roches liquéfiées » (*Géorgiques*). Ou des descriptions de Tite-Live parlant d'étranges « pluies de pierres » qui s'abattaient sur les hommes. Quelque chose s'est brisé de la confiance instinctive que nous mettions dans la nature. Soudain plus rien n'a semblé en mesure de nous protéger, rien ne pouvait détourner de nous cette violence inouïe jaillie de la terre. Ni les dieux ni nos prières ni les objets magiques que nous conservions précieusement chez nous. Nous ne le savions pas encore mais le Vésuve devait connaître en cette année 79 sa plus puissante éruption, qui rayerait de la carte nos cités de Pompéi et Herculanum. Plus de seize mille personnes périraient dans la lave et le feu, de nombreux animaux également. Les hommes sont sortis précipitamment de la maison. On retrouverait près de deux mille ans plus tard leurs squelettes calcifiés sur le pas de notre porte. Nous, femmes et enfants, sommes restés apeurés à l'intérieur. Notre terre de Campanie tremblait régulièrement mais ce que nous redoutions le plus, c'étaient les colères de Vulcain. Les lares, les forces du foyer, et les protections de la nuit et de la lune, nous avaient abandonnés. Les murs s'écroulent et le feu retombe sur nous. Où sont passés les dieux ? Le Vésuve peut libérer de la lave très liquide sous forme de fontaines, de coulées mais aussi de nuées ardentes. Depuis dix-sept mille ans, le volcan a connu huit éruptions majeures. Après deux mille ans passés dans le sol de la cité antique de Pompéi, on retrouva les corps de ces femmes et de ces enfants dans une chambre de la maison dite *Maison du Jardin*. La récente campagne de fouilles dans la région V du site commence aujourd'hui à livrer ses trésors. Poignants. Dans un coffret en bois récemment exhumé, on a pu retrouver toute une collection émouvante de talismans et de porte-bonheur. Gemmes, amulettes phalliques, crânes humains miniatures, petits scarabées en faïence bleue, masques, animaux en bronze, en os ou en ambre, précieuses pâtes de verre représentant Dionysos ou des satyres dansant… Le trésor fut englouti ce jour-là avec les habitants de la maison. Chaque petit objet témoigne d'un désir de protection, d'une fragile confiance en soi et de cette projection très humaine dans les images de la nature, les formes, les représentations familières du quotidien. Avec le désir tremblant d'apprivoiser le silence des choses où se tapit souvent la catastrophe. L'Antiquité a connu toute une production d'objets dits apotropaïques, d'un verbe grec *apotropein* qui signifie détourner, repousser. Cette fonction de protection des maux, de conjuration de nos peurs et de nos angoisses, était fondamentale autrefois. Repousser le mauvais sort, éviter les catastrophes, traverser la nuit, la maladie… En poésie aussi, on récitait des apotropées, il s'agissait de vers à prononcer pour conjurer la colère des dieux. Pensée magique mais pas seulement, à mon sens. La littérature était une forme d'action dans laquelle d'ailleurs nous pouvons aussi nous reconnaître, lecteurs de la Bible. Et ces objets avaient encore la charge de conforter nos désirs de fertilité, de séduction, de bonheur, de réussite dans les grands ou les petits événements de la vie. Chacun d'entre nous éprouve régulièrement le besoin de se doter de protections, de soutiens parfois minuscules ou en apparence ridicules. Ne me dites pas que vous n'avez jamais conservé précieusement tel ou tel petit objet, investi par vous seul d'un vague pouvoir réconfortant ou protecteur… Chaque objet ainsi sorti de la nuit et de la lave éclaire de son humilité, de sa fragilité, l'impénétrable mystère du mélange des dieux et des hommes, non seulement quand le monde tremble, mais aussi quand nous tentons de vivre paisiblement avec ceux que l'on aime, parmi les paysages et les lieux qui nous sont chers. Prières muettes, prières-choses. Leur néant était leur pouvoir. Ces talismans sans doute dérisoires n'auront pas protégé leurs propriétaires qui semblaient les conserver jalousement. Mais leur vraie magie est de réapparaître aujourd'hui, témoins de cette confiance humaine dans les choses, confiance qui enchante la nature en même temps qu'elle tente de conjurer l'effroi logé au cœur de toute vie, au-dessous du volcan.

« L'enfance est la dernière réserve du monde »

19 septembre 2019

L'enfance résiste. On ne s'en défait pas. Disons que l'enfance demeure, mystérieusement, qu'elle ne cesse jamais et que nous sommes chacun encore à sa recherche longtemps après l'avoir quittée. Il arrive un jour ou l'autre, dans une vie, qu'on ait à s'expliquer avec elle, l'enfance. L'erreur est alors de croire qu'elle aurait des comptes à nous rendre. Certaines vies se construisent sur cette faute et cette illusion. On voudrait croire parfois que l'on réglera nos blessures de l'enfance en disant tout. Mais tout dire n'est pas tout raconter. Cela ne fait qu'accroître la distance et le malentendu, comme on vient de le voir dans une récente affaire littéraire. Laissons aux tribunaux et aux prétoires les règlements de comptes qui peuvent être nécessaires dans certaines tragédies familiales, mais ce que peut la littérature, elle, c'est d'abord l'invention d'une vie, et pas l'établissement de procès-verbaux. Les plus grands livres nous ont appris que l'enfance était devant nous, comme un chantier émotionnel jamais achevé, toujours à explorer. En 1947, après une guerre qui avait anéanti dans toute l'Europe d'innombrables innocents, Georges Bernanos écrivait un texte[1] vibrant d'hommage à l'enfance : « Je pense plus que jamais que l'enfance est aujourd'hui la dernière réserve du monde, sa dernière chance. » Je comprends ainsi que l'enfance est ce que le monde et son histoire, mais aussi ce que toute une vie, n'ont pas encore épuisé. Que le mal ou le malheur est peut-être cette négation de l'enfance devant nous, qui restera toujours encore à explorer. Nous ne pourrons jamais tout dire de l'enfance mais nous chercherons à raconter ce qu'elle est pour nous. Et le grand projet d'une existence peut devenir celui-là : l'invention de cette enfance qui nous poursuit, dont la perte nous hante, et qui parfois nous persécute, mais qui reste pour chacun comme

1. Repris dans le volume *La Liberté pour quoi faire ?* Paris, Gallimard, 1972, p. 85.

un champ d'expériences sensibles et spirituelles susceptible d'offrir de nouvelles voies à la compréhension de notre tâche et de notre chemin dans l'existence. L'enfance est bien ainsi « ce qui n'est pas épuisé » et qui peut devenir alors ressource. Et c'est à cette méditation que nous devons reconnaître le caractère inestimable de toute vie humaine : l'enfance est cette patrie que nous avons quittée, cette terre d'oubli dont nous nous souvenons, et qui fait de toute existence un voyage ouvert, une aventure toujours possible. Pas d'autre patrie que l'enfance. C'est ainsi que l'espèce humaine est une espèce romanesque, qui se construit dans la fable ou la fiction de son enfance. Le langage d'une vie humaine, c'est la quête jamais close de ce moment qui la précède et la fonde, et qu'elle nomme enfance. Ce pouvoir de se raconter est aussi ce qui structure son rapport à l'existence, aux autres et au monde. Que cette puissance du récit de soi vienne à s'altérer, à faiblir, ou tout simplement à être empêchée, et c'est la dignité d'une vie qui est atteinte, son espérance même. Je me souviens ainsi de l'épilogue bouleversant du roman *Les Frères Karamazov*, de l'écrivain russe Dostoïevski. Toute une petite bande d'enfants, après l'enterrement d'un des leurs, s'interroge sur la signification de la vie et de la mort, Aliocha leur répond : « Nous ressusciterons, nous

nous reverrons, nous nous raconterons joyeusement tout ce qui s'est passé. » Notre horizon, notre joie à venir, c'est de ne jamais oublier que nous aurons toujours la possibilité de raconter ce qui s'est passé. Et ce faisant, nous redevenons maîtres, en quelque sorte, de notre destin. Nous agissons par le récit sur notre propre vie. Comment ne pas se souvenir aussi que nous croyons en la résurrection sur la foi d'un récit et non d'un relevé de preuves ? Et que ce récit, multiple d'ailleurs, fait vivre. Ou dit autrement, le récit conduit à la résurrection parce que raconter c'est représenter dans les mots notre propre inquiétude, notre recherche, et notre désir de croire. Comme l'enfance, on ne saura rien définitivement de cet événement, la résurrection, sinon qu'il peut éclairer chaque existence, et que nous en avons la trace dans des paroles rapportées, dans des fictions au sens étymologique d'objets de langage qui façonnent la réalité, qui la forgent (du verbe « *fingo, ere* », façonner, modeler, puis imaginer, forger de toutes pièces). Non, tout raconter n'est jamais tout dire. La littérature commence là, dans cette pudeur ou cette impossibilité. Sa puissance est de forger dans les mots et l'usage de la langue une issue à nos silences fondateurs, une représentation possible de notre rapport à nous-même, aux autres — rapport souvent brisé ou obscurci par les aléas de la vie. Notre capacité de nous raconter nous fait échapper au fantasme cruel de tout dire, l'existence demeure ouverte, accueillant l'inconnu, voire l'impossible. Chaque récit humain donne une place dans la vie aux silences qui nous étouffent.

Une Béatitude qui résiste

16 novembre 2019

Il y a quelques jours, une amie très chère, Florence Delay, m'avoue n'avoir jamais très bien compris la première Béatitude (Mt 5,3) : « Heureux les pauvres en esprit », ou « les pauvres de cœur » selon la nouvelle traduction liturgique qui me semble, pour le coup, à côté de la plaque. On peut comprendre la version de Luc, *beatus pauperes*, « Heureux, les pauvres ». Même si je préfère penser qu'il n'y a pas de bonheur dans la pauvreté. Quelle opération de l'esprit, quelle conversion du cœur peut conduire à reconnaître heureuses ces vies misérables, ces vies indignes, ces vies usées, et toutes celles broyées par le manque, la solitude, la faim, toutes celles dont la dignité vacille chaque jour, suspendue aux seuls besoins élémentaires ? L'Évangile scandalise pour dire la joie non pas malgré les dures réalités de la vie mais enracinée dans ces réalités mêmes : souffrance, pauvreté… La joie est accordée à ceux qui ne sauraient y prétendre, ou plus exactement à ceux dont nous n'imaginons pas qu'ils puissent participer à une quelconque joie. La Béatitude de Matthieu n'offre pourtant pas de signification immédiatement certaine dans le texte original. Ce qui peut nous aider est d'apprendre que le terme grec pour « pauvres » est *ptōchos*, qui signifie beaucoup plus que pauvres en français (et surtout pas « simples » comme dans certaines traductions), puisqu'il s'agit de ceux qui sont réduits à la mendicité et obligés de supplier. Dans l'*Odyssée*, le terme de *ptōchos* signe la destitution d'Ulysse en mendiant, réduit à n'être qu'un suppliant. L'Évangile nous invite à radicalement changer de regard sur la pauvreté : l'Esprit (*pneuma*) est reconnu comme le lieu et le destinataire de la plainte des pauvres. *Makaroi hoi ptōchoi tō pneumati*. On peut comprendre de plusieurs façons la phrase. Heureux ceux qui sont dans le besoin de l'Esprit (qui mendient l'Esprit). Comme l'écrivait Bossuet, ceux « qui sont effectivement dans la pauvreté sans murmure et sans impatience, qui n'ont pas l'avidité de tout tirer à soi »

(*Méditations*). Mais cette phrase nominale peut se comprendre également ainsi : Par l'Esprit, heureux les pauvres. La Vulgate traduit par un ablatif, *spiritu*, pour indiquer une modalité et un moyen. C'est par l'Esprit que la souffrance de la pauvreté appelle au bonheur, à la bénédiction, véritable signification du grec évangélique de *makarios*. Pour moi, la force de ces béatitudes est de nous rappeler que le bonheur ne se construit pas seul mais en reconnaissant collectivement (Jésus s'adresse aux foules) que les détresses de chacun relèvent de notre responsabilité. C'est-à-dire aussi que ce texte, connu sous l'expression de Sermon sur la montagne, rappelle avec force que le bonheur des pauvres dépend de la communauté qui s'associe à eux, prononçant cette paradoxale bénédiction. Il n'est pas interdit de penser que les rédacteurs de l'Évangile, sans avoir lu Aristote, s'inspiraient ici de l'immense pensée hellénistique. Aristote, dans son *Éthique à Nicomaque*, s'élevait contre l'idée qu'une personne solitaire serait pleinement heureuse. « Il est étrange de faire du *makarios* une personne seule », écrivait-il (II 69B 16-19). Dans l'Évangile, c'est la puissance de l'Esprit qui vient briser cette solitude. Et de là, nous pouvons aller encore plus loin. Heureux sont les pauvres qui mendient, car leur condition est vécue comme modalité de l'Esprit.

Pas d'accès à l'Esprit, si nous nous détournons des pauvres ! La pauvreté, si nous lui portons attention, est une participation à l'action de l'Esprit. Tout ce que je fais pour soulager la pauvreté, je le fais par et pour l'Esprit qui donne la joie et appelle à la miséricorde. La miséricorde, c'est reconnaître que le problème de la pauvreté n'est pas le problème des pauvres mais d'abord le mien, d'abord le nôtre. Et je serais moi-même pauvre d'abandonner toute pauvreté à elle-même, de ne pas saisir la joie que met l'Esprit à se faire entendre par les pauvres. Heureux ceux qui mendient, de par l'Esprit ils sont reconnus dignes de joie. Les Béatitudes nous apprennent que toute pauvreté relève de l'Esprit — force de miséricorde infinie —, que le bonheur qu'est l'Esprit (sa bénédiction) est suspendu à la réponse que chacun d'entre nous accordera au besoin d'autrui et à l'injustice sociale.

Les derniers jours de l'Empire

7 décembre 2019

À entendre les uns et les autres, on a l'impression que nous ne nous supportons plus. Les colères grondent. Souvent justifiées. Nous semblons ignorer que leurs éclats sont anciens, comme la lumière des astres qui nous parvient longtemps après leur extinction. Les identités sont devenues négatives. Les communautés n'expriment plus rien de commun mais leurs déchirures avec le monde public. Chacun prêche le pire. Étrange atmosphère. J'ai le sentiment de revivre *La Nuit du chasseur* (le célèbre film de Charles Laughton). Nous savons que la menace est présente, que l'imminence est réelle. Les signes se multiplient : l'angoisse et l'usure des uns, l'exaspération et la violence des autres. Mais personne n'ose désigner la menace. On guette, on voit bien, on sait que le danger arrive, que le mal court et grandit, mais on se déchire, de façon le plus souvent grotesque et cruelle, sur la nature du mal qui va frapper, qui frappe. Et plus nous assistons avec stupeur à nos propre déchirements, inconséquences, à nos propres désertions sociales, écologiques, éthiques, plus nous nous invectivons pour nous diviser davantage sur la nature et les raisons du mal que nous redoutons. Mais en réalité, le mal c'est nous. La menace que nous craignons, c'est nous-mêmes. Et les signes annonciateurs du pire que l'on nous désigne cachent en réalité nos réels manquements, nos vrais oublis. Oh mes amis, la situation sous nos yeux, qui appelle notre secours, nous fait peur, nous divise. Elle a cédé la place aux situations imaginaires, aux fantasmes qui nous hantent. Nous ne voulons plus voir ce qui se passe sous nos yeux, et qui nous requiert. Un étudiant, à bout de souffle et sans aide, s'immole sous nos yeux. Des Français musulmans dans une manifestation détournent le symbole de la stigmatisation criminelle, étatique et planifiée des Juifs par les nazis pour exprimer leur inquiétude. Malaise. Il ne faudrait jamais oublier qu'il y a toujours un moment, comme un point aveugle, où l'exigence de justice peut devenir elle-même injuste. Où la défense d'un droit légitime peut basculer dans la confusion et la honte. C'est ainsi que la haine gagne partout du terrain. Les passions d'actualité sont des passions de rejet, de désaffection, d'allergie, de répulsion. Beaucoup d'entre nous semblent attendre un événement qui ne vient pas. Un signe qui ne sera pas. Nous défendons d'illusoires petites forteresses aux bords lointains d'un empire éclaté. J'écris cela après avoir appris que quatre petites tablettes de bois romaines avaient été exhumées au nord de l'Angleterre, dans les sols boueux d'une antique forteresse romaine de l'actuel Northumberland. Des plaquettes de bois couvertes d'écritures. Un certain Julius Verecundus, préfet de la citadelle de Vindolanda, située sur le mur édifié vers 120 de notre ère à la demande de l'empereur Hadrien (76-138), tente d'avoir des nouvelles du monde et des uns et des autres. Il s'inquiète de choses familières, un transport de légumes frais, une histoire de clé envoyée par erreur, des petits litiges à régler entre des hommes d'origines très diverses, et perdus aux confins d'un monde devenu obscur, dont ils ne savaient s'ils en vivaient la fin ou la gestation. Sur mes tablettes, j'écrirais aujourd'hui : *Derniers jours de l'Empire. Penser à racheter des fleurs et de la lessive.* Lorsque notre monde s'effondre nous apparaît avec intensité toute sa familiarité poignante.

Ou autrement vécu : cet abîme fait de toutes petites choses sans quoi nous ne serions pas humains. À chacun de retrouver, au premier déclenchement de l'injustice, à la première intonation de plainte, de révolte, la voix familière qui nous invite depuis la nuit des temps à changer de monde pour faire monde ensemble. Il nous reste peu de temps.

Dans le cockpit du chagrin humain

14 décembre 2019

Je me pose la question du combat. C'est pour moi une question spirituelle, d'autant plus importante aujourd'hui que nous ne savons pas toujours comment résister ni quel combat mener. Les luttes se multiplient. Mais vers où vont nos luttes ? Se battre, ce n'est pas seulement affronter l'autre ou les autres, se jeter dans la gueule du loup, mais c'est aussi la façon dont en chacun d'entre nous, du fait de ce qui nous arrive, des épreuves, notre vie se noue et se dénoue. Chaque personne, comme personne, est appelée au combat. C'est ainsi que j'ai retrouvé Jacob, le patriarche biblique. Le livre de la Genèse (32,23-33) a conservé le récit d'un affrontement entre Jacob, fils d'Isaac, frère d'Ésaü, et un être mystérieux. J'ai retrouvé Jacob en moi. J'ai retrouvé Jacob dans nos identités floues, nos trahisons dès l'enfance. J'ai retrouvé Jacob à chaque division entre nous, chaque petit partage maladroit. Dans les jalousies de l'enfance. Les crevasses de l'amour maternel. Les bénédictions ratées. Dans chaque pardon avorté. Chaque séparation consommée. J'ai retrouvé Jacob dans le cockpit du chagrin humain. Là où prennent nos combats dans la glace comme dans le feu. Des fortunes changent de camp. Des vies s'effondrent. D'autres reprennent d'un bond. Bifurquent. Jacob ne m'avait jamais intéressé vraiment. La tradition n'en finit plus de justifier ses ruses, ses rêves. Il est pour moi moins émouvant, moins radical, moins idiot, moins innocent, moins juste, moins absolument juste oui, et moins démuni que son père Isaac, ou Abraham, le père de son père. Jacob se planque sous la tente, derrière sa mère, sous un déguisement. Il prend la fuite dans sa paradoxale élection. Béni et chassé par son père, traqué par son frère. Devant lui, sa peur. Une certaine déformation physique dans la nuit. Dites-vous que Jacob c'est chacun d'entre nous. Même petite envie minable et violente de passer devant en douce. De griller son frère. Mais le mystère de Jacob tient tout entier dans cette humanité familière, et ses détournements. Le mystère de Jacob, rabbi Akiba, au Ier siècle, l'a défini ainsi : faire que tout ne soit pas écrit par avance, qu'une forme de « permission » soit autorisée (*Pirkei Avot*, III, 19) — *reshut* en hébreu rabbinique, qui qualifie une option possible, une ouverture. Pour chacun d'entre nous, *tout n'est pas écrit*. Notre foi : que tout ne soit pas écrit par avance. De cette foi vient le contact avec l'adversité, l'acceptation de la lutte. Quelqu'un combat avec Jacob jusqu'à la division de la nuit et du jour. Pas un ange, mais un homme ! Le mot ange est absent du verset 24 du texte biblique. *Ish*, dit l'hébreu, mâle, homme, pas encore d'ange à l'horizon. Il faut attendre le prophète Osée qui, évoquant ce passage, fait intervenir un ange : « Jacob lutta avec l'ange et eut le dessus » (12,4). Les peintres s'engouffreront dans l'image ainsi délivrée. Sans doute parce que chaque combat nous met aux prises avec un messager énigmatique. L'ennemi avec qui se reconnaître. C'est l'histoire cachée de Jacob sous sa peau de bête, et qui va jusqu'à faire deux camps de lui-même, à vif, se divisant, s'offrant en deux lui qui voulut être l'unique. Jacob lutte avec quelqu'un (Gn 32,25), littéralement, il s'agrippe, dit aussi Akiba. La racine du verbe en question, *abaq*, désigne la poussière. « Bats-toi-dans-la-poussière », tiens bon dans la poussière d'où surgit le visage de l'ennemi dont tu veux triompher. L'inconnu de ta détresse, de ton mal, est fait ange dans la lutte. Et si les vrais combats à mener étaient précisément ceux qui nous conduisent à reconnaître, sous la peau de l'ennemi (cause ou personne), l'ange que nous ne voulons pas voir, le messager que nous ne voulons pas entendre ?

L'exigence d'une vie juste

11 janvier 2020

Dans la rue près de chez moi, une nuit de janvier, un homme erre en titubant et se plaint : « Il n'y a plus de justice dans ce pays ! » Je n'ose pas lui parler. Quelle que soit son histoire, sa peine, il fait résonner pour moi trois mille ans plus tard le cri des prophètes d'Israël. Réclamer justice, c'est le cri fondateur du combat prophétique mais aussi de la prière des Psaumes. *Tsedâqâh*, en hébreu, qui signifie acquitter, et désigne une attitude dans l'existence, sur le chemin de la délivrance. Sa racine n'en fait pas un mot abstrait. La justice, dans ces textes bibliques, est un secours, une force, une bénédiction. Être juste c'est être droit, vrai, c'est une fidélité à une manière d'être ou d'agir. Ce qui manque le plus à nos cœurs contemporains, c'est la justice. Ce qui manque le plus à la religion aujourd'hui, c'est la justice. Parce que nous avons oublié ce que devrait être pour nous la justice : loin de l'arithmétique, une vertu de la relation permettant à la bonté de devenir un bien commun. Un mutuel endettement entre les membres de la communauté et de la société. Être juste, c'est prendre soin de la vulnérabilité de chacun en reconnaissant un droit au plus faible d'entre nous parce qu'il est faible, et au plus seul en raison de sa solitude. « La justice est la vertu qui rend à chacun ce qui lui est dû », rappelle saint Augustin (*De Civitate Dei*, XIX, 21), reprenant le droit romain (*dare cuique suum*). Mais l'étonnant ici n'est pas tant le rappel du droit, le dû à chacun, que de faire de cette exigence, précisément, une vertu. La justice, ce n'est pas seulement le devoir et le droit, c'est aussi ce qui est dû à chacun d'entre nous du fait de ce qui nous arrive, des rencontres que nous faisons ou pas, des liens que nous tissons ou que nous déchirons, quand notre vie s'intensifie, se noue, et notre destin se forme. De la justice qui nous assoiffe, de celle que l'on réclame, dépend notre récit intime et collectif. Oui, chaque personne est un récit, une histoire, du fait même qu'elle se construit, se raconte depuis son exigence de justice. Ce désir de justice donne à nos vies leur forme d'aventure, celle d'une existence qui attend d'être reconnue et justifiée. La justice comme vertu reconnaît à chaque vie humaine son droit à vivre et à se dire, son droit à réclamer son existence comme promesse et espérance. Il y a dans la Bible une magnifique et inaugurale définition de la justice comme vertu. Au chapitre 15 de la Genèse, quand Dieu renouvelle sa promesse à Abraham en le poussant hors de sa tente sous la voûte étoilée du ciel (comme pour lui signifier que sa vie est ailleurs, à l'extérieur) : « Regarde bien le ciel. Compte les étoiles si tu peux les compter. Même chose pour tes enfants. Et Abram eut confiance en Yhwh qui lui en fit justice » (Gn 15,5-6). C'est la confiance comme excès qui fonde la justice qui nous est due. Cet excès de confiance manifesté par Abraham, contre toute attente, lui vaut justice de la part de Dieu. Nous pourrions traduire : Abraham s'est appuyé (ou conforté) sur Yhwh qui le lui a compté comme justice. Se fier et s'adosser à l'incroyable ou l'impossible nous vaut justice. Voilà ce que signifie en acte la justice comme vertu. Reconnaître juste l'espérance la plus audacieuse d'un homme. Ce qui est dû à l'autre ne peut être l'objet d'une appropriation puisqu'il en va de l'aventure de sa vie. Croire en l'événement promis, croire en ce qui nous arrive et va nous arriver. Que notre espoir nous soit compté comme justice. Voilà ce que révèle Dieu à Abraham en le poussant dehors, à l'extérieur sous le ciel étoilé, et qui tient à ceci : ce qui nous est dû, c'est de vivre notre vie comme événement promis.

La Peste
et les « êtres éphémères »

8 février 2020

J'avais été invité par l'université de Wuhan en Chine, il y a quelques années. Je me souviens de l'immensité de la ville autour d'un lac, et du fleuve Yangzi Jiang, le « fleuve Bleu », que le président Mao traversa plusieurs fois à la nage. Une plaque de marbre l'atteste près de l'embarcadère rouillé et bringuebalant du ferry reliant les deux rives. Sur les photos des prospectus touristiques, on voit un Mao épais, en slip de bain, silhouette grossière et ridicule, sourire fixe sous une épaisse coiffure noire plaquée et brillante. Mais d'eaux bleues, je ne vis qu'une étendue mouvante, brune presque jaune. Et des petites plages de fortune au sable boueux parmi les herbes et les détritus, avec quelques vieilles chaises solitaires près de buvettes en planches où siroter des bières et du thé dans un brouillard doré qui descend des usines sidérurgiques en amont. Peut-on mettre aujourd'hui un fleuve si puissant en quarantaine ? Je pense à celles et ceux que j'ai rencontrés là-bas. L'épidémie du Coronavirus s'étend. Le mal court. Rappelant quelque chose de très ancien de notre vulnérabilité devant la nature, et du mal aveugle qui frappe indifféremment. Dans le monde entier à présent, on égrène les cas d'infection et les morts. On dresse des remparts. Une épidémie comme celle-ci nous confronte à cet aspect mystérieux du mal, à savoir que si chacun d'entre nous éprouve devant lui sa propre impuissance et sa propre fragilité, chacun aussi trouve le mal déjà là, en lui, et s'interroge sur sa « relation » à la souffrance, à la peur, à sa mortalité. Ainsi, dans une mégapole du monde, on assiste au déclenchement d'une épidémie qui fait de nombreuses victimes. On assiste avec malaise aux angoisses qui s'exacerbent, aux incompréhensions. La ville est isolée du reste du monde par les autorités. Dans ce théâtre dramatique, on le sait, plusieurs personnes sont confrontées au problème du mal, de la souffrance, de la mort, de l'exil, de la séparation, mais aussi de l'amitié et de l'amour. Cela ne vous rappelle rien ? Un célèbre roman de 1947,

La Peste, d'Albert Camus. Oh je sais, dans ce livre qu'il hésita à publier, Camus décrit une épidémie de peste à Oran pour mieux représenter l'épidémie de haine qui ravagea l'Europe. D'ailleurs, cette haine-là revient aussi sous d'autres formes aujourd'hui, par d'autres manquements criminels dont nous sommes responsables. On peut aujourd'hui relire le roman de Camus à la lumière de cette ambivalence. Quand le mal frappe, l'humanité doit s'interroger sur son propre rapport au mal. Dans un autre de ses textes, Camus affirmait : « La contradiction est celle-ci : l'homme refuse le monde tel qu'il est sans accepter de lui échapper. En fait, les hommes tiennent au monde et, dans leur immense majorité, ils ne désirent pas le quitter » (*L'Homme révolté*). Disons, nous voudrions tous échapper au mal sans avoir à lutter, sans avoir à nous demander où nous en sommes de notre responsabilité face au monde. Et quand Tarrou, personnage du roman de Camus, affirme face aux avancées de la Peste : « Vos victoires seront toujours provisoires », le docteur Rieux lui répond : « Toujours je le sais. Mais ce n'est pas une raison de cesser de lutter. » Des docteurs Rieux, il y en a en Chine aujourd'hui, et dans le monde. Pour eux, la lutte ne s'arrête jamais. Une épidémie révèle la fragilité essentielle et la précarité incurable de nos existences. Et cette terrible vérité : le mal est notre compagnie la plus familière. Toutes sortes de virus nous infectent. Notre dignité ultime est de le reconnaître pour lutter sans fermer les yeux. Le mal nous rappelle que nous sommes inachevés, mutants, passagers. Humains, c'est-à-dire des « êtres éphémères », lisait-on déjà dans l'*Odyssée*.

Le destin du pangolin

14 mars 2020

Aéroport d'Almería, Espagne. Il y a quelques semaines. Sur un tapis roulant, une valise abandonnée. Intervention de la Guardia Civil. On refait l'itinéraire du bagage mystérieux. Départ Malabo, capitale de la Guinée équatoriale, et destination Madrid, avec escale à Casablanca. C'est ici qu'on perd la trace de la valise, pour tomber dessus ce matin-là en Andalousie. On ouvre le bagage suspect et les douaniers font une découverte macabre : deux spécimens de pangolins, morts et en décomposition, éviscérés et leurs écailles arrachées. Le pangolin, comme moi, vous ne connaissiez peut-être pas. Entre le tatou et le tamanoir, c'est un petit mammifère plantigrade et insectivore, dévoreur de fourmis, des régions tropicales et équatoriales d'Asie et d'Afrique. En malais, son nom signifie *enrouleur* parce qu'il se met en boule devant un danger ou un prédateur. Un corps étrange, allongé, couvert de petites écailles poilues, un museau pointu et une langue collante, une queue très longue et lourde. Avec de courtes pattes griffues. Il est à la fois archaïque, adorable et inoffensif. Mais qui est le propriétaire de la valise égarée ? Une jeune femme de 25 ans, disent certains sur les sites d'information, un homme pour d'autres. Je préfère opter pour la jeune femme. Elle est inculpée de « crime à l'encontre de la faune », et de « trafic illégal d'espèces protégées ou en voie d'extinction ». Mais je ne comprends toujours pas pourquoi avoir transporté dans l'illégalité la plus totale ces deux petits corps sauvages, mutilés, en décomposition. J'imagine que la jeune femme pouvait ne pas savoir ce que contenait la valise qu'on lui aura remise le jour même de son départ pour l'Europe. Dans quel but ? S'agit-il d'un trafic de viande sauvage ? Je fais de rapides recherches. Convoité pour sa chair comme pour ses écailles, le timide animal mangeur de fourmis est le mammifère le plus braconné au monde. Son commerce est pourtant interdit depuis 2016 par la Convention internationale sur le commerce d'espèces sauvages menacées d'extinction. Près de

900 000 pangolins ont été vendus illégalement dans le monde au cours des deux dernières décennies. Mais le mystère s'épaissit. J'apprends que les pangolins seraient suspectés d'être à l'origine de l'épidémie du coronavirus. Menacé et menaçant, le petit pangolin serait, en Chine, l'un des hôtes amplificateurs du Covid-19. Je résume : une jeune femme originaire de Guinée équatoriale se rend à Madrid, perd ou oublie sa valise à Casablanca, détournée sur Almería où l'on découvre qu'elle contient deux petits cadavres de pangolins, dont le trafic sur les marchés asiatiques aurait permis la transmission d'un virus animal à l'homme. En accéléré, c'est l'histoire chaotique de notre monde ultracontemporain : crise migratoire, désordre aux frontières, catastrophe écologique, marché noir, trafic d'espèces protégées et menacées d'extinction, et enfin pandémie… La chair du pangolin est très appréciée de certains consommateurs asiatiques. Il y a encore deux ou trois mois, on pouvait en acquérir illégalement sur les étals du « marché aux fruits de mer » de Wuhan. Avec des louveteaux, des salamandres, hiboux, et rats vivants… Le pangolin se vendait, jusqu'à la fermeture du marché, environ 500 yuans (65 euros) les 500 grammes, le double si l'animal était vivant. Comment imaginer qu'un petit animal mangeur de fourmis puisse être autant convoité,

massacré, et suspecté du pire ? Mais finalement tout se tient. Si nous avions été plus soucieux du vivant, des espèces, de notre fragile diversité, moins avides, moins injustes, si nous n'avions pas laissé des continents entiers dans la pauvreté, la violence, le chaos, peut-être que le destin du pangolin eût été changé, améliorant au passage le nôtre, et nos terribles maux aujourd'hui eussent été moins sévères.

Sic transit gloria mundi

21 mars 2020

Cela fait plusieurs semaines que nous sommes suspendus aux nouvelles d'un virus qui se répand, et des décisions mondiales de confinement, de fermeture, d'urgente précaution. Il faut s'éviter et se disperser. Ne plus faire nombre commun. Quelque chose a déraillé, mais quoi ? Quelque chose de millénaire, d'archaïque fait irruption et s'installe, qui peut-être n'avait jamais quitté les lieux, comme une bête tapie dans l'ombre de notre confort, de notre relative insouciance. Voilà que la peur gagne à nouveau toute la surface du monde. Un coup de tonnerre. Grand coup de pioche dans le désordre que nous faisions semblant de ne pas voir ou de prendre avec dérision pour l'ordre du monde. La vie, nous n'y accordions plus vraiment attention. Depuis quelques mois, nous venons de comprendre que c'était cette toute petite fille en équilibre sur un trapèze endormi, et qu'un vent noir balance doucement. Je sors tôt le matin de chez moi. Je lève les yeux sur le monde autour de nous, je note avec un sentiment absurde, et avec frisson, la répétition fragile du printemps : des chatons frileux aux arbres, quelques fleurs écloses à moitié, un pâle vert acide et naissant dans les parcs… Dans les jardins et les bois, c'est le retour timide de l'hirondelle, de la pie-grièche, du rossignol, du martinet et de la huppe. Les oiseaux annonciateurs du printemps. Leurs légers mouvements de troupes, rapides, indiquent la promesse. Mais je me demande s'ils portent aussi une part de l'inquiétude, s'ils sont au courant de la menace et du nombre. Je lis l'incrédulité sur les visages. Les oiseaux se dispersent dans le ciel. On voudrait lutter contre la désorientation et l'affolement, quitter le sol et rejoindre avec eux les vents. Tandis que les nouvelles tombent comme de jeunes soldats sur le front. Annulations. Infections. Morts. *Sic transit gloria mundi / How doth the busy bee*, interrogeait la poétesse américaine Emily Dickinson (1830-1886). Comment va la laborieuse abeille, et qu'ainsi passe la gloire du monde ? Avions-nous oublié qu'être humain c'était vivre l'exposition de la totalité des événements du monde, tous en même temps, être à l'écoute de la terrible et magnifique proposition chorale du monde ? Vie et mort, force et fragilité. L'hirondelle fraîche du printemps et l'agilité aveugle du virus. Je les conjugue, je les expose, je les conjure. On s'inquiète de notre exposition aux jours qui viennent. La confiance ne suffit pas. Je voudrais répondre par la beauté de l'incertitude à l'intérieur de soi. Qu'être en vie c'est frémir. Improviser. Et recommander de ne pas oublier d'oublier. Que les jours heureux reviennent. Nous ne les attendions plus. Non, ce n'est pas le printemps qui refait seul son petit tour, sans comprendre, l'imbécile ! qui débarque au pire moment, avec ses oiseaux, ses arbres en fleurs, sa tiède fraîcheur. C'est nous qui, stupéfaits, faisons sa découverte une fois encore, avec notre traîne de peurs, de chagrins. Nous l'avions oublié, et dans l'instant, nous sommes heureux de l'apercevoir neuf, inconnu, prometteur. Un jeune homme dans toute sa gloire devant notre royauté abattue. Tenez bon. Nous nous retrouverons vite. Pour nous sauver ne cessons ni d'aimer, de venir en aide à chacun, de travailler, d'interroger, de découvrir. Et je supplie le printemps de nous remettre sur nos rails abîmés. Que nos trains bondés roulent et poussent leurs cris de joie et de douleur. Oui, elle passe la gloire du monde mais ne faisons pas comme si nous ignorions que la vie nous invitât à nous y risquer. Depuis longtemps, depuis les premiers vivants, les premiers morts. Cet éclat éphémère, passager, vibrant, nous y participons. C'est notre unique et seule gloire. Elle est en équilibre, comme le soleil neuf des jours à venir.

Sic transit gloria mundi
(revoir les étoiles)

28 mars 2020

Dernières nouvelles du mal. À Bergame en Italie, on enterre dans le chaos les morts sans famille ni proches. Encombrement dans les morgues. Frère Marc, un des religieux encore présents, arpentait les églises et livrait, solitaire, sa prière devant les dépouilles : « Cette tragédie nous rappelle à notre devoir sacré d'aimer la vie, toute la vie. » La vie est venue nous rappeler toute sa complexité. À moins de mille kilomètres de là, à Paris, mon adolescente tourne toujours en rond dans notre appartement. Ses amis lui manquent terriblement, et je me dis que ce n'est pas le moindre des effets de cette situation que de rappeler cruellement combien l'amitié, la convivialité sont le terreau de la vie humaine. Moi je cache les difficultés. Je me suis mis à rêver de sport. Nager le crawl dans une calanque bleu électrique. Courir à travers de longues prairies souples dans de magnifiques chaussures de *running* multicolores. Dans un autre rêve, une force intérieure me commande d'ouvrir une porte noire dont je ne trouve ni la poignée ni la serrure. Comment en est-on arrivé là ? Toujours la même question. Le virus aussi appartient à la force aveugle, insaisissable de la vie. Disons que le virus nous rappelle brutalement non seulement la fragilité nue de la vie mais tout autant son implacable raison : nous ne possédons pas la vie, nous lui appartenons. Et vouloir en sortir ou la dominer, c'est notre *hubris*, notre démesure et notre péché. Oh mes amis, nous mourrons d'être à elle et nous nous sauvons grâce à elle, grâce à ce que la vie nous permet de connaître, d'explorer et d'agir. Pas plus. Nous nous sauvons un temps. Le simple et merveilleux, fragile, temps de vivre. C'est ce que signifie notre *Sic transit gloria mundi* : la gloire du monde, nous ne pouvons la posséder ni l'accaparer. C'est dans ce passage, dans l'éphémère et la vulnérabilité de toutes nos possessions, croyances et connaissances que nous devons vivre au monde les uns avec et pour les autres. La puissance du virus et son agilité à se répandre atteignent aujourd'hui, dans toute l'Europe, notre propre puissance d'action et d'organisation communes — la politique. Vie, mort et politique. Il faudra sans doute revoir les conditions et les principes de notre occupation du monde, des territoires, des populations. Revoir notre *gloire*. Peut-être saurons-nous retrouver la puissance de l'humilité. Oui, on parle de guerre et de combat à mener. Mais je voudrais rappeler là que pour les Anciens la force de l'*humilitas* surpassait celle de la *superbia*, de l'orgueil et de la démesure. Dans sa *Psychomachie*, le poète latin Prudence dotait l'allégorie *Humilitas* d'une arme vile et dérisoire (ses propres mots), *Spes* (l'Espérance) face au lourd armement de l'orgueil. *Humilitas* et *Superbia* ne sont pas seulement de froides personnifications allégoriques, mais des figures de chair et de sang, de nos propres incarnations, de nos penchants contradictoires, et dont le combat rappelle d'ailleurs celui du vieux récit biblique de David et Goliath. Étymologiquement, l'humilité nous renvoie à ce que nous sommes, à notre origine et à notre destination, la terre (*humus*), la poussière. Il nous reste, mes amis, l'espérance. Sachant qu'espérer, ce n'est peut-être pas vouloir aujourd'hui que tout recommence comme hier. Mais que tout change. Tout ce qui nous aurait fait oublier ou nous aurait détournés de notre précieuse vulnérabilité de vivants. J'ai commencé par l'Italie du XXIe siècle, je finis par l'Italie du XIVe, celle de Dante et de son voyage en enfer, « par le royaume des gens morts ». Avec lui, mes amis, je nous souhaite de bientôt pouvoir nous dire : *E quindi uscimmo a riveder le stelle* (le dernier vers de l'*Enfer*). « Et là nous sommes sortis revoir les étoiles » (*Enfer*, XXXIV, 139). Elles nous attendent.

Coda

2 avril 2020

En me lançant dans l'écriture de ces chroniques, je n'avais aucune idée du tour que cela prendrait. J'écrivais en temps réel, en quelque sorte. Je ne savais pas ce que cela me ferait d'affronter le vaste oui heureux et cruel de la vie. Ces textes, gagnés en quelque sorte sur l'envie de tout laisser tomber, ont fini par tracer un chemin de terre battue. Si, pour finir, je devais donner une phrase de la Bible qui m'aura guidé, je réciterais ce bref verset du deuxième chapitre de la Genèse : « il n'est pas bon que l'adam soit seul » (Gn 2,18). Avec cet énigmatique mot hébreu, toujours traduit paresseusement de la même façon depuis les premières traductions, *mónon* en grec et *solum* en latin. Le mot hébreu est plus riche que notre français *seul :* בד, *bad* (et non le très employé *'e·ḥāḏ*, un, seul). Jamais la question de l'humanité ne sera d'être une, mais bien d'être deux, de ne pas être seule. Le mot hébreu signifie d'abord séparation, et désigne une partie de quelque chose, comme le membre d'un corps ou la branche d'un arbre. L'adam créé est manquant. Il est un mais séparé, isolé. On pourrait traduire par « il n'est pas bon que l'être humain soit isolé ou séparé ». L'humanité ne peut rester comme chose isolée et doit être un corps entier associé à un autre, en interaction. Elle ne peut être conçue pour elle-même mais comme un être dont l'unité est de vivre avec un autre lui-même. J'y ai entendu l'écho de Qohelet (4,8-9) qui dénonce comme vanité, comme illusion et éphémérité, le fait d'être « chacun un *('e·ḥāḏ)* sans second, sans même un fils ou un frère, et dont le travail est sans fin [...] Deux valent mieux qu'un *('e·ḥāḏ)*. Même si l'un des deux tombe, l'autre relèvera son compagnon ; mais malheur à celui qui est un *('e·ḥāḏ)*, parce que étant tombé, il n'aura personne pour le relever. Si deux aussi couchent ensemble, ils auront chaud ; mais celui qui est seul, comment aura-t-il chaud ? » La solitude de l'être humain créé n'est pas l'objet de la bénédiction du premier chapitre pour chacun des éléments créés (« il vit que cela était bon »).

Comment vivre un et seul avec la vie ? demande Qohelet. Cette question fut la mienne. Ces textes écrits pour un journal n'ont fait que m'aider à poser cette question. On a irrésistiblement besoin de se sentir aimé, accepté, compris plutôt que d'affronter seul le spectacle tragique de sa vie. Merci, mes amis.

Table des matières

Cet ouvrage est imprimé sur un papier certifié PEFC

pca
cmb
édition pré-presse
livres numériques

44400 Rezé

Achevé d'imprimer en France en juin 2020
par Normandie Roto Impression s.a.s., 61250 Lonrai
Dépôt légal : septembre 2020 - N° d'impression : 2002221